ENTRE A BIBLIOTECA E O BORDEL

FUNDAÇÃO EDITORA DA UNESP

Presidente do Conselho Curador
Marcos Macari

Diretor-Presidente
José Castilho Marques Neto

Editor Executivo
Jézio Hernani Bomfim Gutierre

Conselho Editorial Acadêmico
Antonio Celso Ferreira
Cláudio Antonio Rabello Coelho
Elizabeth Berwerth Stucchi
Kester Carrara
Maria do Rosário Longo Mortatti
Maria Encarnação Beltrão Sposito
Maria Heloísa Martins Dias
Mario Fernando Bolognesi
Paulo José Brando Santilli
Roberto André Kraenkel

Editores Assistentes
Anderson Nobara
Denise Katchuian Dognini
Dida Bessana

SANDRA A. FERREIRA

ENTRE A BIBLIOTECA E O BORDEL

A SÁTIRA NARRATIVA DE HILÁRIO TÁCITO

© 2006 Editora UNESP

Direitos de publicação reservados à:
Fundação Editora da UNESP (FEU)
Praça da Sé, 108
01001-900 – São Paulo – SP
Tel.: (0xx11) 3242-7171
Fax: (0xx11) 3242-7172
www.editoraunesp.com.br
feu@editora.unesp.br

CIP – Brasil. Catalogação na fonte
Sindicato Nacional dos Editores de Livros, RJ

F443e

Ferreira, Sandra A.
Entre a biblioteca e o bordel: a sátira narrativa de Hilário Tácito / Sandra A. Ferreira. São Paulo: Editora UNESP, 2006

Inclui bibliografia
ISBN 85-7139-692-2

1. Tácito, Hilário, 1885-1951. Madame Pommery. 2. Literatura brasileira - História e crítica. 3. Sátiras brasileira - História e crítica. I. Título.

06-4219.   CDD 869.93
                                             CDU 821.134.3(81)-3

Este livro é publicado pelo projeto *Edição de Textos de Docentes e Pós-Graduados da UNESP* – Pró-Reitoria de Pós-Graduação da UNESP (PROPG) / Fundação Editora da UNESP (FEU)

Editora afiliada:

A Mário e Augusto, amores.

SUMÁRIO

Apresentação   11

1 À sombra da metrópole em flor   21
2 A biblioteca no bordel   43
3 O bordel na biblioteca   75

Epílogo   123
Referências bibliográficas   127

Nº. 13

I. *Livros e putas podem-se levar para a cama.*

II. *Livros e putas entrecruzam o tempo. Dominam a noite como o dia e o dia como a noite.*

III. *Ao ver livros e putas ninguém diz que os minutos lhes são preciosos. Mas quem se deixa envolver mais de perto com eles só então nota como têm pressa. Fazem contas enquanto afundamos neles.*

IV. *Livros e putas têm entre si, desde sempre, um amor infeliz*

V. *Livros e putas – cada um deles tem sua espécie de homens que vivem deles e os atormentam. Os livros, os críticos.*

VI. *Livros e putas em casas públicas – para estudantes.*

VII. *Livros e putas – raramente vê seu fim alguém que os possui. Costumam desaparecer antes de perecer.*

VIII. *Livros e putas contam tão de bom grado como se tornaram o que são. Na verdade eles próprios muitas vezes nem o notam (...).*

IX. *Livros e putas gostam de voltar as costas quando se expõem.*

X. *Livros e putas remoçam muito.*

XI. *Livros e putas – "Velha beata – jovem devassa".*

XII. *Livros e putas trazem suas rixas diante das pessoas.*

XIII. *Livros e putas – notas de rodapé são para uns o que são, para as outras, notas de dinheiro na meia.*

Walter Benjamin. Rua de mão única

APRESENTAÇÃO

Tudo: a história minuciosa do futuro, as autobiografias dos arcanjos, o catálogo fiel da Biblioteca, milhares e milhares de catálogos falsos, a demonstração da falácia desses catálogos, a demonstração da falácia do catálogo verdadeiro (...), o relato verídico de tua morte, a versão de cada livro em todas as línguas, as interpolações de cada livro em todos os livros; o tratado que Beda pôde escrever (e não escreveu) sobre a mitologia dos saxões, os livros perdidos de Tácito.

J. L. Borges. *A Biblioteca de Babel*

Fora-nos sugerida a leitura de *Madame Pommery*. O título da obra ganhou de imediato nossa simpatia, por evocar a célebre Madame Bovary, de Flaubert. O nome do autor intrigou deveras: Hilário Tácito. Tratava-se do pseudônimo adotado por José Maria de Toledo Malta.

Qual não foi nossa surpresa ao constatar que a historiografia e a crítica literária brasileira praticamente ignoravam *Madame Pommery*. Apesar da singularidade dessa obra, não

12   SANDRA A. FERREIRA

são muitos os estudiosos que a ela se referiram e ainda menos numerosos são os que a analisaram. Parco o número de edições que mereceu.

Em virtude das razões apresentadas, propusemo-nos a estudar o romance de Hilário Tácito como sátira narrativa, sublinhando-o como bem lograda realização estética que teve seu valor esmaecido pelo injustificável silêncio, poucas vezes rompido, que o envolveu.

Nascido na cidade de Araraquara, José Maria de Toledo Malta (1885-1951) viveu na capital paulista, para onde sua família se mudara em 1889. Engenheiro civil, formado na Escola Politécnica, iniciou sua carreira profissional na Companhia Mogiana de Estrada de Ferro, em Campinas. Nomeado engenheiro da Repartição de Águas e Esgotos, em 1911, permaneceu nesse serviço até o ano de sua aposentadoria, 1942.

"Cimento armado" foi a área da engenharia civil na qual se especializou, publicando sobre o assunto trabalhos de grande repercussão no exterior, sobretudo na Alemanha. Com base nos cálculos dos trabalhos de Toledo Malta, inúmeros edifícios foram construídos em São Paulo, dentre os quais se inclui o Edifício Martinelli, pioneiro na expansão para o alto que caracterizou a cidade.

Ao lado do engenheiro competente, havia em Toledo Malta o que Léo Vaz considerou "um raro espírito de universal curiosidade, que o punha à vontade em todos os setores do humano conhecimento" (Vaz, 1961, p.IX), destacando-se em sua competência extraprofissional o campo das letras. Lia fluentemente espanhol, italiano, inglês, alemão e francês, sendo ainda um latinista irrepreensível. Além disso, conhecia a língua portuguesa como poucos, conforme atesta a leitura de sua única obra literária, *Madame Pommery*, e de sua tradução da *Seleta dos Ensaios de Montaigne*, publicada pela José Olympio, na Coleção Rubáiyát, em 1961.

Madame Pommery veio à luz pelas mãos de Monteiro Lobato. Sua primeira edição foi publicada em 1920, em São Paulo, pela *Revista do Brasil*. A seguir, sem indicação de data, a Monteiro Lobato & Cia. publicou uma segunda edição. Segundo Júlio Castañon Guimarães, essa edição não deve ser posterior a 1922. Pela Academia Paulista de Letras, em 1977, foi publicada a terceira edição. Em 1982, *Madame Pommery* mereceu uma adaptação teatral, empreendida por Alcides Nogueira Pinto. A montagem da peça esteve sob a direção-geral de Antônio Abujamra.

Finalmente, em 1992, a Editora da Unicamp, de Campinas, e a Fundação Casa de Rui Barbosa, do Rio de Janeiro, apresentaram uma acurada quarta edição de *Madame Pommery*, como parte do projeto de estudo sobre o pré-Modernismo desenvolvido pelo Setor de Filologia da Fundação Casa de Rui Barbosa.

Foi imensa a expectativa criada em torno de *Madame Pommery* quando de sua primeira edição. Tornou-se um sucesso editorial à época. Aparecido o volume nas livrarias, esgotou-se logo a primeira edição. Todavia, qual não deve ter sido a surpresa dos leitores ao depararem com um romance que, ao par do autenticamente documental (na época era possível identificar quem estava por trás dos nomes das personagens), justapunha freqüentes e variadas digressões de natureza erudita e profundamente irônica. Qual ainda não terá sido a surpresa ao constatarem que no livro não havia uma nota sequer de "naturalismo" para se tratar assunto tão candente como o da prostituição. Nenhuma cena escabrosa. Referência nenhuma a quedas abismais.

O livro de Hilário Tácito abordava o tema da prostituição com tão requintados modos, que dele pôde dizer Alceu Amoroso Lima:

> É possível que este livro diga tudo sobre o escabroso tema que adotou (...). Di-lo, porém, de forma tão velada, tão pito-

resca, tão elegante, com tanta abundância de espírito e perfeição de linguagem (...), que pudera ainda dizer mais, se é possível, tendo dito tudo. (1948, p.229)

Madame Pommery narra a trajetória acidentada, porém
bem-sucedida, de Ida Pomerikowski, uma ardilosa prostituta estrangeira, que, nas terras do café, demonstrou inédita habilidade administrativa ao organizar a vida airada
paulistana, convertendo-a em lucrativa empresa. Valeu-se,
na consecução de suas metas, de abastados e obtusos coronéis, bem como de influentes e tolos bacharéis.

A leitura de *Madame Pommery* revela uma obra que,
conciliando o aspecto documental com a renovação estética,
sobrepõe a segunda ao primeiro. Se, à época de sua publicação, a singularidade do romance residiu no fino humor com
que o narrador delineou um perfil nada ortodoxo da São
Paulo de inícios do século, passados mais de oitenta anos
desde a primeira edição, a leitura do romance se faz singular não só pelas situações a que o narrador expõe suas personagens, mas sobretudo pelas situações alavancadas pela força da sátira a que expõe a própria narrativa.

Por sátira entende-se a modalidade literária voltada para
a crítica das instituições ou pessoas e para a censura dos
males da sociedade ou dos indivíduos.

Aos romanos é atribuída a criação da sátira. A princípio, empregava-se uma mistura de prosa e verso. A partir
de Ênio, a sátira passou a exprimir-se apenas em verso.
Horácio e Juvenal forneceram os dois modelos de sátira
mais conhecidos. O primeiro promoveu a sátira de tons
amenos e o segundo, a de tons mordazes, pessimistas.

Se, nos primeiros tempos, identificou-se com o verso,
a sátira acabou por impregnar as obras teatrais e a prosa de
ficção. Na Idade Média, a cantiga de escárnio e maldizer e
o teatro popular comprovam sua existência. A partir do
século XVI, o conto, a novela e, por fim, o romance passa-

ram a utilizar a sátira, a exemplo da novela picaresca e de cavalaria, bem como das narrativas filosóficas e de costumes, criadas por Rabelais, Voltaire, Swift, Fielding e outros. Segundo Ernst Bickel, o criador da sátira romana é Lucílio, que, por sua vez, é seguidor de Ênio e de Menipo de Gádara. A novidade trazida pela poesia de Lucílio consiste na invectiva pessoal, no ataque a personalidades vivas, inexistente na sátira de Ênio. A sátira de Horácio, por sua vez, caracteriza-se pela fusão de dois motivos básicos: o ideal epicúreo e a crítica ao meio social. Pérsio, influenciado por Lucílio e Horácio, agitou sua época promovendo uma sátira incansável contra a retórica da Idade da Prata, bem como uma crítica filosófica da cultura e dos costumes romanos.

A corrupção dos costumes políticos bem como o quadro moral de Roma, conforme Bickel, são as razões que levaram Juvenal a empunhar a pena, quando contava cinqüenta anos. Tudo em Roma foi objeto de sua sátira. Juvenal exerceu uma vertente satírica eminentemente programática, cujo objetivo era buscar os corruptores dos costumes romanos "enterrados nos suntuosos sepulcros da Via Latina e Flamínia" (Bickel, 1982, p.551).

A sátira de Ênio, portanto, antecede a poesia satírica das obras produzidas desde Lucílio a Juvenal. Dela emana o estímulo fundamental do rumo adotado por Lucílio, bem como por Horácio, Pércio e Juvenal. Ao lado da sátira realizada por esses precursores, figura a sátira de Varrón que, como a de Ênio, praticamente não ataca pessoas vivas nomeando-as. Quanto ao aspecto formal, entretanto, afastou-se completamente de Ênio, mesclando em seus textos a prosa e o verso. Para criar esse novo gênero de sátira, Varrón apoiou-se no cínico grego Menipo de Gádara, cujo estilo literário caracterizava-se por uma mescla de contraposições, tanto na forma quanto no conteúdo.

Além de haver promovido o intercâmbio entre prosa e verso, Menipo introduziu o elemento hilariante no diálogo sério. Também a Lucílio e a Horácio influenciou Menipo; apesar disso, apenas Varrón, ao mesclar a prosa e o verso, estabeleceu a surpreendente relação entre a poesia satírica romana e Menipo.

Na lista de escritos de Varrón, informa Bickel, aparece o título *Saturarum Menippearum Libri*. As menipéias de Varrón fazem largo uso dos aforismos cínicos gregos, dos títulos duplos, cuja finalidade é precisar conceitualmente o conteúdo, entreverando a erudição e a moral, a cultura romana e a helenística.

A época de Nero assiste à transformação da sátira menipéia, com sua mistura de prosa e poesia, em novela satírica, através da obra de Petrônio (*Satyricon*) e da obra de Apuléio (*Metamorfoses*), sendo que a última se distingue formalmente por não empregar versos.

Constata-se, portanto, que o termo sátira – do latim *satira*, do arcaico *satura*, que remetia ao prato cheio de frutos sortidos oferecidos a Ceres, a deusa das sementeiras, e, depois, à mistura de prosa e verso – adquiriu sentido bem definido na literatura romana, como meditação poética jocosa ou indignada sobre abusos na sociedade, cujos modelos máximos são Horácio e Juvenal. O sentido moderno do termo, de polêmica violenta e desmoralização pelo riso, foi adquirido na última literatura grega, com Luciano.

As referências anteriores à sátira dos clássicos romanos pretenderam olhar rapidamente as raízes da sátira, perceber os seus primeiros movimentos para compreendê-la como um tom narrativo que, embora tenha variado intensamente ao longo do tempo, permanece fiel a alguns princípios essenciais de sua natureza, postulados desde a Antigüidade clássica: combate, invectiva, luta pelo restabelecimento da sociedade corrompida.

Nas literaturas modernas, ocorre a inserção de elementos satíricos em obras das mais diversas espécies, a exemplo de obras de Voltaire e de Anatole France na literatura francesa, de Parini e Beli na italiana, de Quevedo na espanhola, de Swift e Byron na inglesa, de Gogol e Soltykov-Chtchedrin na russa, de Heine e Karl Krauss na alemã, de Eça de Queiroz na portuguesa, de Lima Barreto na brasileira, para citar alguns dos casos mais representativos, segundo a historiografia literária.

A tradição satírica brasileira apresenta um fértil lastro, que se notabiliza com Gregório de Matos, nos tempos da Colônia; passa pelas paragens árcades, com as *Cartas chilenas* de Tomás Antônio Gonzaga e com poemas como "O desertor das Letras" e "Os vícios", de Silva Alvarenga; alarga-se na verve popularesca do teatro de Martins Pena, alcança o romantismo irônico e sarcástico de *Noites da taverna*, de Álvares de Azevedo, e o inferno financeiro de Wall Street no *Guesa errante*, de Sousândrade; passa pelo realismo espontâneo de *Memórias de um sargento de milícias*, de Manuel Antônio de Almeida; imprime-se à exaltação impressionista de *O Ateneu*, de Raul Pompéia; toca profundamente Lima Barreto para, depois, desembocar na geração de 22 e encontrar em Oswald de Andrade um de seus cultores mais notáveis, estendendo-se até nossos dias. Nesse lastro – tão mais fulcrado do que permite dar a saber essa rápida visada –, às vésperas da Semana de Arte Moderna, destacou-se a obra singular de Hilário Tácito.

Tendo alcançado ruidoso sucesso à época de sua publicação, *Madame Pommery* acabou quase esquecida, não fosse o olhar atento de alguns estudiosos da Literatura Brasileira. Com o objetivo de contribuir para revelar o equívoco existente no pouco-caso votado à obra em questão, propusemo-nos a efetuar um estudo no qual fossem sublinhadas, pelo viés da sátira, as qualidades literárias do romance de Hilário Tácito, qualidades essas que superam o inegável caráter circunstancial do mesmo. É certo que a obra interessa como romance de costumes; contudo, impressiona seus leitores, efetivamente, pela tessitura do texto, pelo requinte da ironia, pela vivacidade da sátira.

18   SANDRA A. FERREIRA

A análise de *Madame Pommery* justifica-se, portanto, como uma tentativa de sublinhar algumas das características notáveis dessa obra pré-modernista que, além de satirizar a tacanha vida paulistana no início do século, satiriza as formas narrativas.

Este livro apresenta, no primeiro capítulo, uma reconstituição sucinta do contexto sociocultural em que se insere o romance em análise, revelando as transformações vertiginosas ocorridas na paisagem e nos costumes da cidade de São Paulo nos primeiros anos do século. Também na Literatura as transformações faziam-se sentir. O chamado pré-Modernismo dava os primeiros passos que conduziriam à Semana de 22, rumo à qual Hilário Tácito, ou José Maria de Toledo Malta, figura sobranceiro e, felizmente, já não tão ignorado.

A sátira à tacanha vida paulistana promovida em *Madame Pommery*, constituindo sua feição mais memorialista, é abordada a partir da caracterização das personagens, apresentada no segundo capítulo, no qual ainda será analisada a instigante configuração do narrador-personagem, Hilário Tácito.

O terceiro capítulo, para o qual confluem os capítulos anteriores, constitui o núcleo do estudo. Nele, tem lugar a análise da sátira em seu aspecto metanarrativo, a partir de considerações sobre a crônica histórica, feitas a fim de melhor sublinhar o caráter protéico que tem marcado os modos de apresentação e representação da narrativa e, desse modo, melhor situar *Madame Pommery* como romance satiricamente metanarrativo – ao narrar, discute os próprios modos da narrativa, no âmbito da história e da literatura.

O eixo que orienta a leitura de *Madame Pommery* confere aos dois últimos capítulos uma estreita unidade, já que buscam um único objetivo: rastrear os efeitos satíricos produzidos em uma história que, ao ser narrada, discute, fervorosamente, não apenas sua própria narração, mas o ato de narrar em geral. Essa superposição de faces narrativa e metanarrativa confere ao texto de Hilário Tácito certa característica de unidade intencionalmente fraturada, cujo propósito é apontar o limite das formas ficcionais e não-ficcionais, sinalizando habilmente o impasse que a narrativa moderna haveria de tornar luminoso.

Este livro sobre a sátira narrativa de Hilário Tácito nasceu da dissertação de mestrado defendida na Faculdade de Filosofia, Letras e Ciências Humanas da Universidade de São Paulo, na área de Teoria Literária e Literatura Comparada. Agradeço à professora Sandra Margarida Nitrini, minha orientadora; ao professor Carlos Erivany Fantinati, por apresentar-me o romance *Madame Pommery*; aos meus colegas da Faculdade de Ciências e Letras da Unesp-Assis e ao CNPq e à Capes pela bolsa de deslocamento a mim concedida; a Aldo Klein (*in memoriam*) e Adriana Iozzi, por tudo.

1
À SOMBRA DA METRÓPOLE EM FLOR

No tempo de *Madame Pommery*

> *(...) Nem tudo se perde do aranzel precedente. Pois uma conclusão resulta, pelo menos: que é do interesse desta história relembrar-se o aspecto geral da Paulicéia, quando primeiro se defrontou com Mme. Pommery.*
>
> Hilário Tácito. *Madame Pommery*

O narrador de *Madame Pommery* não é afeito a datas. Os indícios deixados ao longo da narrativa, entretanto, permitem identificar o tempo em que situa sua obra. A chegada de Madame Pommery a São Paulo se dá no momento em que essa cidade começará a acelerar seus passos rumo ao processo de urbanização e industrialização, ocorrido no início do século XX. Quando Madame Pommery chega, os bondes elétricos e os poucos automóveis representam entusiásticas novidades. O Teatro Municipal, segundo o narrador, "não passava ainda de uma aspiração irrealizável, preconizada, às vezes, em discursos utópicos, por indivíduos amalucados" (Tácito, 1992, p.39). Os teatros Santana e Politeama viviam momentos de glória.

Pouco após a chegada de Pommery, a roda da história paulistana gira a todo o vapor:

> A cidade estava se transformando à vista de todo mundo; crescia, embelezava-se. O Teatro Municipal em breve se inaugurava. O café, tanto tempo sucumbido, sentia os primeiros estímulos da valorização. De todos os portos acorriam à Capital fazendeiros aos magotes, todos dinheirosos e ávidos, todos, por quebrar a longa abstinência de maus dias passados, numa vida renascente de prazer e de fartura. (id., ibid., p.76)

O Teatro Municipal foi inaugurado em 1911. É a partir da primeira década desse século, portanto, que o tempo é projetado em *Madame Pommery*. Conforme Antônio Dimas (cf. 1983, p.131), trata-se de um romance que apanha um momento de transição fundamental para a cidade de São Paulo, visto que esta se revela como cidade comercial, política e economicamente importante a partir de 1910, graças às correntes imigratórias que lá aportaram. Essa transição, segundo Dimas, representou a montagem de novas estruturas sociais e econômicas. O capital do café, originado no interior, deslocou-se para a cidade, iniciando o processo de industrialização. Semelhante transformação implicava novas exigências.

O surgimento dos endinheirados trouxe consigo necessidades materiais outras, entre as quais se incluía o divertimento. É da percepção clara dessa conjuntura extremamente favorável que resultará o bordel pretensamente luxuoso de Madame Pommery, por meio do qual Hilário Tácito satiriza aspectos inquietantes da vida urbana. Excelente observador, revela que, na grande cidade, a prostituição faz da mulher um artigo de massa. Ainda que esse fato perverso seja proveitosamente assumido por Pommery, que abre uma loja de tipos femininos, pode-se perceber na sátira de Hilário Tácito uma censura velada à transformação da metrópole em mercado, onde, conforme Walter Benjamin:

> O ambiente objetivo do homem adota, cada vez mais brutalmente, a fisionomia da mercadoria. Ao mesmo tempo, a propaganda se põe a ofuscar o caráter mercantil das coisas. À enganadora transfiguração do mundo das mercadorias se contrapõe sua desfiguração no alegórico. A mercadoria procura olhar-se a si mesma na face, ver a si própria no rosto. Celebra sua humanização na puta. (1991, p.163)

Naquela época, informa Richard Morse, vigoravam na cidade concepções ingênuas de felicidade e de refinamento cultural, provenientes das influências culturais estrangeiras, que muitas vezes refletiam simplesmente a aceitação passiva de normas importadas pelos abastados, circunstância que não escapa à fina observação do narrador, como se demonstrará oportunamente. As influências estrangeiras mais vitais à época diziam respeito ao cinema, capaz de objetivar o fluxo acelerado da nova vida, ao café-concerto, "réplica do cabaré parisiense, com atletas, acrobatas, saltadores árabes, e, o que é mais importante, cocottes de muitos países, carregadas de rouge e pintura" (Morse, 1970, p.278), e sobretudo aos esportes, como remo, ciclismo, tiro ao alvo, esgrima e futebol, introduzidos na passagem do século.

A proliferação dos esportes, conforme Nicolau Sevcenko, constituía uma celebração inédita do corpo, decorrente das últimas descobertas tecnológicas e de seus desdobramentos, dos quais resulta a noção de que o corpo humano em particular e a sociedade como um todo também são máquinas, autênticos dínamos geradores de energia. Semelhante noção é sintomática das mudanças de perspectiva que então se efetivavam. Antigos hábitos, como repousar nos fins de semana, tornaram-se obsoletos:

24   SANDRA A. FERREIRA

Sob o epíteto genérico de 'diversões', toda uma nova série de hábitos, físicos, sensoriais e mentais, são arduamente exercitados, concentradamente nos fins de semana, a rigor incorporados em doses metódicas como práticas indispensáveis da rotina cotidiana: esportes, danças, bebedeiras, tóxicos, estimulantes, competições, cinemas, shoppings, desfiles de moda, chás, confeitarias, cervejarias, passeios (...), massagens, ginástica sueca, ginástica olímpica, ginástica coordenada com centenas de figurantes nos estádios, antes dos jogos e nas principais praças da cidade, toda semana. (Sevcenko, 1992, p.33)

Esses hábitos e práticas, de acordo com Sevcenko, já estavam em vigência desde o começo do século e, na década de 20, definitivamente configuraram-se como o princípio de uma nova identidade e de um novo estilo de vida, no qual se elevavam a ação e a sensualidade. A conversão da sensualidade em moeda valiosa orienta os passos de Madame Pommery, cujo projeto é substituir as maneiras e cifras discretas do comércio sexual paulistano por gostos e gastos nada contidos:

(...) A um espírito aguçado na observação psicológica, tal como era o de Mme. Pommery, não poderia passar despercebida a incoerência manifesta em que, então, se retorcia a vida airada d'alto bordo; nem a indisciplina que a solapava; nem o perfeito disparate financeiro das suas tarifas arbitrárias, ridículas, desproporcionais à prodigiosa uberdade da terra roxa no produzir cafés e fazendeiros. Foi ela, na verdade, a única de todos os economistas, que pressentiu essa evidência: - que era rematada inépcia valorizar-se um produto sem a correlata valorização do produto. (Tácito, 1992, p.41)

São Paulo, à época, certamente já era palco das mais insólitas contradições. A indústria aqui se introduziu repentinamente, numa sociedade agrária. A estupenda riqueza dessa cidade a tornava um dos mais dinâmicos pólos de urbanização no início do século, em virtude do pretenso monopólio por ela exercido no mercado internacional do café. Nessa cidade, coexistiam choças de pau-a-pique, sobrados, cortiços e palacetes. O efeito de tais contrastes traduziu-se em absoluto estranhamento diante das transformações rápidas e irreversíveis:

> (...) Afinal, São Paulo não era uma cidade nem de negros, nem de brancos e nem de mestiços; nem de estrangeiros, nem de brasileiros; nem americana, nem européia, nem nativa; nem era industrial, apesar do volume crescente das fábricas, nem entreposto agrícola, apesar da importância crucial do café; não era tropical, nem subtropical; não era ainda moderna, mas já não tinha passado. Essa cidade que brotou súbita e inexplicavelmente, como um colossal cogumelo depois da chuva, era um enigma para seus próprios habitantes, perplexos, tentando entendê-lo como podiam, enquanto lutavam para não serem devorados. (Sevcenko, 1992, p.31)

Os contornos miríficos adquiridos pela cidade resultaram da justaposição do novo ao antigo, sem tempo para adequações. A cidade agrega os signos mais díspares e os conjuga como pode. Nesse contexto, há uma figura dominante, que, segundo Richard Morse, surge dos opulentos cafezais para tornar-se o senhor pródigo e arrogante da metrópole caótica: o coronel.

O vocábulo coronelismo, em uma acepção particular, constitui um brasileirismo para nomear o tratamento dado pelos sertanejos a qualquer chefe político, a todo e qualquer potentado. Segundo Edgar Carone, o posto de coronel, no século XIX, era geralmente concedido ao chefe político de comuna, representado invariavelmente pelos opulentos fazendeiros, comerciantes e industriais de cada município. Vulgarmente, entende-se por coronel o chefe político do interior.

O coronelismo constitui a base do problema do mandonismo, visto que os coronéis exerciam total influência sobre seus agregados, prestando favores em troca dos quais exigiam o voto. O poder local do coronel é pleno: controla empregos públicos, nomeação ou demissão de autoridades, aumento ou baixa de impostos segundo sua conveniência. O período áureo dos coronéis, conforme Richard Morse, vai de 1890 a 1920. A visada satírica de Hilário Tácito reduzirá a imponente figura do coronel a um arrematado *parvenu*:

> (...) De modo que, sabendo-os (= os coronéis) levar - como ela saberia - com aquele seu tino de adestradora de ursos, não havia medo de malogros. E tão bem dourada lhes faria a pílula que lha haviam de engolir sorrindo e quem sabe se pagar em dobro.
>
> O uso do champanha a trinta mil-réis a garrafa devia tornar-se compulsório. E a assistência profissional a ninguém seria prestada por menos de cem mil-réis. Os coronéis, em breves prazos, estariam ensinados e convictos que pagar mais barato é ignóbil, e não beber champanha uma torpeza. Então, beberiam champanhadas e pagariam satisfeitos; pois esta casta de tipos não cede por nenhum preço a reputação de finos e dadivosos perante o mulherio. (Tácito, 1992, p.76)

Essa retomada sucinta dos traços mais característicos da cidade de São Paulo em inícios do século tem por objetivo fornecer os elementos com os quais dialoga *Madame Pommery*, obra pré-modernista atenta ao dado local e aberta à inovação formal.

Modernismo à vista

A literatura brasileira, no período que antecede a eclosão modernista, parecia acometida por um desconcertante marasmo. Nessa época, vicejavam narrativas como as de Coelho Neto, Afrânio Peixoto e Xavier Marques, as quais, conforme Zélia Cardoso, "se por um lado podem ser consideradas como um prolongamento das tendências naturalistas, por outro revestem-se ainda de fortes cores românticas, sem que nelas se encontrem inovações propriamente ditas" (1983, p.20).

Na contramão, lembra a ensaísta, havia a prosa simbolista, representada pelos romances anti-realistas de Gonzaga Duque, Nestor Vítor e Rocha Pombo, influenciados pelos modelos do decadentismo europeu. O romance brasileiro, portanto, parecia mover-se entre o documento e o ornamento no chamado pré-modernismo.

O termo pré-modernismo foi cunhado por Trystão de Athayde para designar o período cultural brasileiro que vai do princípio deste século à Semana de Arte Moderna. Conforme Alfredo Bosi, pode-se entender o termo em dois sentidos, nem sempre correlatos:

1. dando ao prefixo "pré" uma conotação meramente temporal de anterioridade;
2. dando ao mesmo elemento um sentido forte de precedência temática e formal em relação à literatura modernista.

O pré-modernismo funda-se sob a I República, a qual se caracteriza por uma mentalidade positivista, agnóstica e liberal. Segundo Alfredo Bosi, os gêneros literários no pré-Modernismo, de modo geral, revelam a continuidade e a estilização dos já cultivados pelos escritores realistas, naturalistas e parnasianos. Há, todavia, autores que instauram elementos inovadores, a exemplo de Graça Aranha e Lima Barreto. Esses autores, ao se interessarem pela chamada "realidade brasileira", demonstrando uma consciência crítica das questões nacionais, imprimem algo de novo à literatura nacional. São particularmente diferenciadas as obras de Lima Barreto e Graça Aranha porque, segundo Bosi, encontram-se situadas "em um nível mais alto e mais

28 SANDRA A. FERREIRA

próximo da renovação modernista" (1973, p.93), por expressar atitude antipassadista, inovadora e premonitória da revolução literária dos anos 20 e 30. Para Bosi, Lima Barreto e Graça Aranha constituem os dois vultos mais importantes da fase pré-modernista.

A esses dois consagrados e inquestionáveis nomes juntam-se outros, cuja importância tem se tornado inegável, a exemplo de Euclides da Cunha, Simões Lopes Neto e Monteiro Lobato, figura esta em torno da qual se montou o grupo "que construiu, antes da Semana de Arte Moderna, o primeiro movimento modernista de São Paulo: Valdomiro Silveira, Hilário Tácito e Afonso Schmidt" (Cardoso, 1983, p.31).

Quanto ao conteúdo e à problemática externa, Bosi declara que a literatura pré-modernista tende a refletir situações históricas só então apresentadas, a exemplo da imigração alemã no Espírito Santo (*Canaã*, de Graça Aranha), das alterações na paisagem e na vida social do Rio de Janeiro (romances de Coelho Neto e de Lima Barreto), ou da miséria do caboclo nas zonas de decadência econômica (contos de Monteiro Lobato).

Levando-se em conta os dois critérios – cronológico e estético-conteudístico – postulados por Bosi para caracterizar as manifestações literárias pré-modernistas, constata-se que Hilário Tácito ou José Maria de Toledo Malta faz jus a ambos. Seu romance foi publicado em 1920, dois anos antes da Semana de Arte Moderna. A construção do romance representa, segundo Antônio Dimas, "um embate entre a forma tradicional de narrar as coisas e um desvio narrativo que o narrador insiste em apontar a todo momento" (1983, p.129). *Madame Pommery*, portanto, instaura uma crise nos moldes tradicionais de contar uma história e, a partir de sua própria narração, cria uma nova possibilidade narrativa, tornando-se, por isso, cronológica e formalmente predecessora da literatura modernista.

Também do ponto de vista temático *Madame Pommery* representa uma inovação, por trazer à tona, de modo anticonvencional, o tema da prostituição, não como fator de marginalização, mas como empresa lucrativa e fator de civilidade. No tratamento desse tema assomam várias formas dialógicas de contestação ou reafirmação dos grandes numes ocidentais. Além disso, o romance capta sutilmente as transformações vividas pela "metrópole do café" ou "capital dos fazendeiros" (cf. Petrone et al., 1955, p.77), revelando sua vocação para as transações monetárias e sua feição cosmopolita, traduzida na recepção à força de trabalho estrangeira:

> Proclamam os nossos estadistas que não basta atrair para aqui os braços estrangeiros. Que é preciso fixá-los; prever tudo, intentar tudo, para os ter em nossa terra, fixos e permanentes. - Pois a mesmíssima cousa, sem falta nenhuma, é o que se há de dizer das pernas estrangeiras. Para as termos à mão: – fixá-las! Claro como água. (id., ibid., p.75)

E traduzida, ainda, na possibilidade de os estrangeiros, de vendedores das mais díspares mercadorias, poderem converter-se em prósperos senhores. Em *Madame Pommery*, essa conversão se faz satiricamente pela via da prostituição.

A prostituição, simultaneamente, condena e aceita cumprir diferentes funções socializadoras, que, conforme Margareth Rago, só podem ser apreendidas se os parâmetros conceituais a esse respeito forem postos de lado em favor de sua "positividade". De fato, a prostituição exercia o papel de agente civilizador, iniciando sexualmente os rapazes, preservando a virgindade das moças e a castidade das esposas. A prostituição domava a pulsão sexual dos jovens, funcionava como pólo aglutinador de determinados grupos sociais e, sobretudo, apresentava um forte aspecto econômico, pois, constituindo um mercado de oferta e consumo em torno do prazer, a prostituição transformava-se numa

30 SANDRA A. FERREIRA

atividade lucrativa que, como qualquer outra, exigia investimentos cada vez maiores. As prostitutas profissionalizavam-se com o crescimento urbano-industrial, constituindo um mercado de trabalho disputado:

> Políticos influentes, fazendeiros ricos, estudantes de Direito, advogados de projeção, delegados de polícia, assim como trabalhadores e jovens dos setores mais pobres da população divertiam-se em companhia dessas mulheres, solicitavam-nas, bebiam e dançavam com elas. Mesmo aquelas que se tornavam cortesãs de luxo provinham de um meio social inferior e, na maior parte dos casos, fizeram fortuna através dos homens que as procuravam. (Rago, 1991, p.124)

As novas formas de sociabilidade, dentre as quais se destacavam os bordéis de luxo e os cafés-concerto, pareciam inscrever a ainda pacata São Paulo nas páginas de uma nova era. Essa pretensão não escapa a Hilário Tácito, que em *Madame Pommery* dará a risível dimensão de provincianismo injetada nessa área de modernidade europeizante.

Aceitando que o pré-modernismo colocou ênfase na expressão ornamentada, José Paulo Paes propõe a essencial distinção entre ornamentação superficial e ornamentação consubstancial, sendo a primeira verificável nos contos e romances que fixam, "num costumismo de superfície, as elegâncias e vícios mundanos da nossa belle époque" (Paes, 1985, p.72). Entre os exemplos, cita *Madame Pommery*, de Hilário Tácito. A ornamentação consubstancial é exemplificada sobretudo por *Os Sertões*, de Euclides da Cunha, obra em que a "opulência da linguagem, prestando embora tributo ao ornamentalismo da época, está a serviço de uma ótica do titânico e do dramático" (id., ibid., p.74).

A fortuna crítica de Hilário Tácito se tem empenhado em fazer ver que a linguagem rebuscada, ornamental, está consubstancialmente a serviço de uma concepção literária fundada na liberdade criadora e na ambivalência, estando, portanto, voltada para a transgressão intertextual, já que, como observa Mário Chamie, Hilário Tácito:

> Toma o sistema codificado da prosa quinhentista para, no seu uso violado, afirmar uma realidade presente que é a negação desse passado. Hilário Tácito dialoga, então, enquanto autor, com essa prosa, contestando-a perante o leitor que, dialogando com a escrita de Hilário Tácito, poderá contestá-la produzindo uma inversão: a de negar uma realidade presente afirmada por um sistema passado. *Madame Pommery* é o espaço desse diálogo. (1970, p.11)

Por essa razão, considerar *Madame Pommery* uma obra de ornamentação superficial reduz-lhe drasticamente os contornos, já que há nela uma utilização de ingredientes reveladora de um diálogo irônico e lúdico com seu próprio caráter ornamental, que lhe confere uma feição nitidamente moderna, configurada, no dizer de Beth Brait, por:

> Uma escritura irreverente, não apenas porque coloca uma prostituta como símbolo empreendedor do progresso paulistano, mas especialmente por dimensionar, a partir da ironia, uma concepção literária inovadora. E, nos minutos que antecediam o explodir do movimento modernista, é importante surpreender mesmo num escritor sem carteirinha as fortes tintas que participarão das inovações registradas posteriormente pelo projeto modernista. (1996, p.198)

Metamorfoses narrativas

O narrador de *Madame Pommery* parece pretextar o mesmo propósito do cronista português Fernão Lopes: "a verdade, que não busca cantos" (apud Saraiva, 1969, p.120), uma vez que se proclama empenhado em oferecer ao leitor a crônica verdadeira dos acontecimentos desencadeados por Madame, e nada mais.

32   SANDRA A. FERREIRA

O português "crônica" é empréstimo erudito do latim *chronicus*, "cronológico", relativo ao tempo, derivado do grego *chronos*, "tempo". A história da crônica, como observa Davi Arrigucci Jr., "é cumprida e intrincada" (1987, p.62). Até o século XIX, o vocábulo em questão tem acepção ligada a relatos históricos ou paraistóricos, à qual, então, vão se acrescentar outras acepções, a exemplo da crônica jornalística, seção em que são comentados os fatos do dia (crônica policial, esportiva, política etc.), e da crônica literária, forma em prosa voltada para a apreciação pessoal das experiências da vida cotidiana.

Hilário Tácito emprega o termo no primeiro sentido, relato histórico, pretendendo inscrever-se numa fecunda tradição, da qual nasce a moderna historiografia e na qual se destacam a *Crônica de Portugal*[1], a *Crônica do Condestabre*[2], a *Crônica Geral de Espanha*[3] e as Grandes Crônicas de França ou Crônicas de Saint-Denis[4].

À língua portuguesa caberia dar ao mundo um dos maiores mestres do gênero, o meticuloso tabelião e cronista Fernão Lopes, que recebeu de dom Duarte, em 1434, o encargo de "pôr em crônica as histórias dos reis que antigamente foram em Portugal" (Saraiva, 1969, p.78). Segundo António José Saraiva, o que distingue Fernão Lopes de seus antecessores e sucessores, até o século XVIII, é, por um lado, o senso crítico acompanhado da preocupação docu-

---

1 Narrativa histórica, de 1419, do reinado dos sete primeiros reis de Portugal. Segundo alguns, teria sido a primeira produção de Fernão Lopes.

2 Relato histórico, de 1526, da vida e principalmente dos feitos militares de dom Nuno Álvares Pereira, condestável de Portugal. Autor desconhecido.

3 De 1344, é a mais antiga compilação histórica em língua portuguesa. Costuma atribuir-se a iniciativa de sua elaboração a dom Pedro, conde de Barcelos.

4 Foram redigidas em Saint-Denis, a princípio em latim, depois em francês, a partir do século XIV. Imprimiram-se no fim do século XV.

ENTRE A BIBLIOTECA E O BORDEL **33**

mental. O tabelião do Arquivo Geral do Estado tinha o sentido da autenticidade dos documentos e disso se servia em seus livros, transcrevendo ou resumindo leis, tratados e cartas, não tendo pejo algum de declarar: "condenamos e reprovamos e consideramos como nulas quaisquer crônicas, livros e tratados que com este livro não concordem" (apud id., ibid., p.28).

Por outro lado, o cronista-mor do reino produziu uma obra na qual transparece um nítido entusiasmo épico. Além disso, conforme Saraiva, há em suas crônicas – escritas do ponto de vista de quem mora não no castelo, mas ao rés da praça – uma comédia humana que Balzac não desdenharia, o que leva aquele ensaísta a perguntar-se em que medida se poderia considerar Fernão Lopes um historiador imparcial, já que este toma partido, sendo a favor dos portugueses contra os castelhanos, das vilas contra os castelos, dos povos do reino contra dom Fernando.

Tomou-se Fernão Lopes como referência paradigmática ao tratar-se da crônica histórica por acreditar-se que o modelo de crônica com o qual dialoga *Madame Pommery* seja aquele exercido pelo cronista de dom João I, qual seja, tornar a história luz da verdade e testemunha dos antigos tempos, sem descurar dos movimentos caprichosos da pena, de modo que, mesmo Fernão Lopes alegando ter se apoiado em elementos inacessíveis às oscilações do sentimento, como pretendem ser os documentos escritos, impõe-se em seu texto o problema da articulação da subjetividade do cronista com o propósito de escrever verdade do historiador, criando-se uma equação que nem mesmo o escrúpulo metodológico e o desejo de isenção, juntos, são capazes de solucionar: como delimitar, num sistema narrativo, duas unidades derivadas – história e ficção – codependentes na unidade relativa à grandeza fundamental, o narrar?

A função da crônica histórica parece ser apresentar pura e plenamente o que sucedeu, aclimatando os recursos narra-

34   SANDRA A. FERREIRA

tivos de modo a criar a ilusão de um todo fechado e objetivo, com vistas a livrar-se do perigo de confundir-se com a arbitrariedade dos juízos subjetivos próprios da ficção. Assim, os cronistas, no afã de produzir história, empunham a pena para cristalizar os fatos, com o propósito de formatar a história das nações. Acontece, porém, que a história não é escrita com a imparcialidade de um espírito santo, mas moldada por mãos afeitas a contorcionismos de várias ordens[5].

A razão óbvia desse intervalo entre "o que sucedeu" e o que aparece como "sucedido" repousa no fato de que, como observa Jauss, "a ficcionalização está sempre presente na experiência histórica, pois o que episódico de um evento histórico é sempre condicionado pelo quando perspectívico de sua apresentação ou reconstrução" (apud Lima, 1984, p.194). Essa absorção do ficcional pela história, para Luiz Costa Lima, é legitimada pela categoria da verossimilhança, que compõe a zona comum da historiografia e da literatura.

Não é por acaso, portanto, que as crônicas históricas parecem estar a meio caminho entre a ficção e a história, dividindo-se entre o trabalho de mostrar "como realmente era" e o de arranjar os procedimentos retóricos de modo a emoldurar o núcleo de realidade, tornando, mesmo sem querer, nítido o vínculo entre a prática historiográfica e a ficcional. Em contrapartida, não se deve pensar a ficção sem levar em conta as relações do produto ficcional com a

---

5 As crônicas de Fernão Lopes, por exemplo, foram confiscadas e retocadas para, segundo Saraiva, "apagar a recordação de tempos ominosos para a nobreza e para glorificar certos heróis oficiais" (1969, p.21). O mesmo ensaísta lembra que a função da história produzida pelos cronistas, sobretudo a partir de Zurara, sucessor de Lopes, é fazer o panegírico dos heróis oficiais. Outro exemplo ilustrativo é o de Michelet, em cujo trabalho historiográfico irrompe claramente sua subjetividade, produzindo páginas que, conforme Luís Costa Lima, poderiam ser encontradas nas confissões de um poeta ou romancista (1984, p.180).

realidade que transfigura, relações tão íntimas que, a seu turno, a ficção cansar-se-ia de deleitar e investiria alto na competição com vários ramos da ciência, no sentido de recortar e analisar a sociedade, como atestam os romances históricos, psicológicos, realistas e naturalistas.

Nesse laboratório de palavras, em que a história se funde à literatura e a literatura se transubstancia em história, é possível vislumbrar a face metamorfoseada da arte de narrar. Essa face é avidamente contemplada por Hilário Tácito, ao conceder a uma prostituta um tratamento narrativo semelhante ao concedido aos reis e aos fatos de elevada importância para a humanidade. A narrativa de Hilário Tácito glosa a solenidade formal e temática da crônica histórica num diapasão satírico. *Madame Pommery* quer ser verdade. De mentira.

O leitor de *Madame Pommery* depara-se, de saída, com um frontispício instigante:

MADAME POMMERY

CRÔNICA MUITO VERÍDICA E MEMÓRIA FILOSÓFICA DE SUA VIDA

FEITOS E GESTOS MAIS NOTÁVEIS NESTA CIDADE DE SÃO PAULO

Madame Pommery, sem dúvida, documenta satiricamente segmentos da cidade de São Paulo no início do século, porém está muito longe de o fazer ao modo de uma "crônica muito verídica" ou de uma "memória filosófica". Além dessas observações postas no frontispício, o narrador insistirá reiteradamente nas afirmações de que tudo o que é narrado é pura realidade e de que o texto constitui uma crônica (história) e não um romance (ficção):

> Não suporto, nem por idéia, que se possa algum dia tachar de romance, novela ou conto uma história verdadeira que, por amor da verdade, tanto trabalho me custou: vigílias sobre

36 SANDRA A. FERREIRA

desconformes documentos, peregrinações e inquéritos abor-
recidos. Pois bem sei que semelhantes afrontas são o prêmio
de quantos se aventuram por mares nunca dantes navegados.
(Tácito, 1992, p.69)

Na fortuna crítica da obra de Hilário Tácito não faltam
cogitações acerca do gênero dessa. Monteiro Lobato, em
artigo publicado na *Revista do Brasil*, por ocasião da publicação de *Madame Pommery*, saúda-a como uma revelação
literária do mais alto mérito, a ela se referindo nos seguintes termos:

> (...) *Madame Pommery*, sátira formidável aos costumes paulis-
> tanos. O assunto é escabroso, mas com tal arte soube avir-se
> o A. que o mais arrepiado moralista o lê sem cara feia. Historia
> a vida em São Paulo duma mundana criadora de costumes.
> Por manhas e artimanhas de tal matrona formou-se uma es-
> cola nova de extorquir dinheiro aos homens por meio da pele
> feminina e eflúvios de champanhe. (Lobato, 1969, p.62)

Ainda neste artigo, além da natureza do gênero (sátira
de costumes) e da síntese do enredo, Monteiro Lobato faz
acertadas considerações acerca do estilo de Hilário Tácito,
no qual reconhece uma "graça infinita", um "fino sabor
humorístico, misturando sólida erudição clássica e citações
bíblicas às maiores patifarias carnais da nossa alta goma"
(id., ibid.). Para Lobato, o assunto do livro é o que menos
importa, pois este, tratado por espírito menos ilustre, resultaria numa obra reles. Logo, o que distingue o livro de
Hilário Tácito é o estilo do autor, marcado por erudição e
humor invulgares.

Em 2 de junho de 1920, na *Gazeta de Notícias do Rio de
Janeiro*, Lima Barreto publicou uma artigo intitulado "Madame Pommery", no qual sumaria exemplarmente os movimentos capitais de Madame Pommery nas terras do café,
apontando o caráter protéico da obra:

ENTRE A BIBLIOTECA E O BORDEL **37**

Seria estulto querer encarar semelhante obra pelo modelo clássico de romance, à moda de Flaubert ou mesmo de Balzac. Nós não temos mais tempo nem o péssimo critério de fixar gêneros literários (...). Os gêneros que herdamos estão a toda hora a se entrelaçar, a se enxertar, para variar e atrair. O livro do Senhor Hilário Tácito obedece a esse espírito e é esse o seu encanto máximo: tem de tudo. É rico e sem modelo, e, apesar da intemperança de citações e de uma certa falta de coordenação, empolga e faz pensar. (1956, p.116)

Wilson Martins considera *Madame Pommery* um "romance de maus costumes", cujo caráter é local e datado, sendo, porém, "curioso como documento social e salutar como obra de desmistificação, mais novela picaresca que romance, no sentido comumente aceito da palavra" (1976-79, p.193).

No artigo em que aprecia *Madame Pommery*, Alceu Amoroso Lima também apresenta questões relativas ao gênero da obra, optando por classificá-la como sátira de costumes, opção explícita já no título do artigo, "Sátira":

Mas o livro do Sr. Hilário Tácito não é um romance. Todo romance é por definição uma obra autônoma e de ficção. E nem um nem outro caráter distingue este volume. Será, talvez, como quer o autor, uma crônica histórica, sui generis... ou melhor, uma sátira de costumes. (1948, p.230)

As variáveis que dificultam o enquadramento de *Madame Pommery* no círculo estreito das classificações de gênero foram equacionadas por Mario Chamie, cujo olhar retrospectivo pôde perceber a função de "elo perdido" exercida pela obra de Hilário Tácito em relação ao Modernismo, sobretudo no que concerne a Oswald de Andrade. Para Chamie, a tendência a efetuar citações em larga escala e, sobretudo, a linguagem arcaicizante, utilizada por Hilário Tácito para tratar questões modernas, singularizam a obra:

38   SANDRA A. FERREIRA

Aí começa a sua sabida contradição, que é a sua maneira de ser satírico. Aí começa a paródia, que é a sua maneira de pôr em crise os gêneros literários e um linguajar que não acompanha mais a dinâmica dos tempos novos. (apud Guimarães, 1992, p.17)

Uma questão central à compreensão de *Madame Pommery* é a duplicidade permanentemente mantida pelo narrador. Essa duplicidade principia já no nome adotado pelo autor – Hilário remete a hilariante e tem seu contraponto em Tácito, referência ao sério e ilustre historiador romano – e se estende a tudo na narrativa. O nome da protagonista, além de remeter à marca do champanha por ela celebrizado, pode ser a abreviatura de Pommerikowski, ou, segundo Chamie, a composição de Pompadour com Bovary. Há, ainda, uma duplicidade da própria história contada, pois não se conta somente a história de Pommery; paralelamente, é tecida a trama de um narrador que, afeito a divagações acerca do modo como organiza a narração, dialoga com um leitor a quem pretende persuadir da validade e da superioridade de seus meios e propósitos.

Quanto mais insistentemente o narrador proclama estar narrando uma "história verdadeira", mais nitidamente se afigura a natureza irônica dessa proclamação. A narrativa vai se remodelando a cada passo. O narrador insiste em apresentar ao leitor as regras de seu jogo, criando digressões que espraiam a narrativa:

Vejam, por exemplo, o critério artístico com que apresento Mme. Pommery no Capítulo II.

Era a primeira vez que aparecia em cena. E aparece logo, não nascendo, nem mamando, mas já no instante mais transcendente de sua vida – naquele sonho de vocação, no Hotel dos Estrangeiros. Assim ressaltaram de golpe a importância da heroína e o interesse de seus feitos, ao mesmo tempo em que o palco se iluminava.

ENTRE A BIBLIOTECA E O BORDEL **39**

E esta observação vem na verdade a talho de foice, pois é agora o momento exato de se olhar novamente para o mesmíssimo cenário, onde ficou Mme. Pommery em guerra surda contra o desgoverno da nossa libertinagem. (Tácito, 1992, p.71)

Impossível, ao considerar tais ocorrências, tomar *Madame Pommery* por simples crônica ou romance de costumes, pois se trata de uma nítida experiência de renovação da narrativa. O narrador, ao desviar conscientemente de seu reto propósito – contar uma história verdadeira –, cria uma duplicidade incompatível com a natureza do mesmo. Cada promessa do narrador de se manter na descrição exata e verdadeira dos feitos da personagem é imediatamente desrespeitada, confirmando a deliberada intenção de violar, ironicamente, o gênero aparentemente defendido, promovendo uma paródia da ordem causal da narrativa.

A atitude parodística em relação à ordem causal da narrativa, segundo Chamie, rege-se sobretudo pelo fato de o narrador convocar nomes de autores consagrados de todos os tempos a fim de mostrar que os modelos não devem ser obrigatoriamente imitados, porque é a liberdade que deve nortear a pena do escritor de gênio. A defesa da liberdade inventiva deve-se à necessidade de conferir validade às constantes digressões efetuadas pelo narrador, que deseja chamar atenção para a peculiaridade de seu processo literário e, ao mesmo tempo, justificar, ancorado no exemplo de Montaigne, seus procedimentos:

Mas nem todos os exemplos se hão de seguir e imitar só porque sejam dos Mestres (...).

Por isso é que admiro o grande e bom Montaigne. Pois, conquanto educado na venerável lição da Antiguidade, soube dirigir o pensamento, não como ave de rapina, que precípite se atira e empolga a presa: antes, como andorinha ligeira, o fazia vaguear no espaço aberto, em trajetórias imprevistas e admiráveis.

E mil vezes dou razão a Montaigne de não ter imitado, neste ponto, nem Homero e Virgílio... Nem Flaubert e Camões. (id., ibid., p.48)

Semelhante expediente visa a desacatar convenções arraigadas e a sugerir novas possibilidades. Para abrir as vias da inovação, nada melhor que começar desprezando a imitação servil dos modos consagrados. O narrador, entretanto, não perde a ocasião para expor as incompreensões e descontentamentos da sensibilidade convencional diante do novo. Nesse empreendimento, instala o leitor na narrativa e, dialogicamente, dá-lhe vida própria:

Há uma hora pelo menos que o venho entretendo com esta Crônica Verídica de Mme. Pommery. Imagina que não dei fé dos seus espantos, dos seus esgares de reprovação diante do meu insólito posto que engenhosíssimo processo de escrever história? _ As minhas digressões escandalizam-no, bem o vejo. É possível que o imprevisto das teses, a erudição dos comentários, tudo isso lhe pareça descabido emprego de tempo e de lugar com prejuízo evidente do fato, da anedota, do episódio. Daí, cada vez que um capítulo se anuncia, parece-me ouvi-lo a resmungar:

– Lá vem o homem. Temos conferência!...

....

Ora, se o leitor deseja ir comigo até o cabo, é urgente que deixemos, de uma vez por todas, esses modos contrafeitos. Nada de caretas! (id., ibid., p.58)

O narrador, por artimanhas e despistes tais, dessacraliza o texto, faz tábua rasa dos gêneros e desvela o embuste satírico da proclamada "história verdadeira", pois, ao brincar com os modos de narrar, contesta-os, renega-os; ora enaltece, ora desconfia de seus próprios métodos, imprimindo à narrativa uma mobilidade desconcertante, própria da ficção. Em virtude de semelhantes peculiaridades, considerar *Madame Pommery* apenas uma crônica de costumes acarreta uma redução drástica do seu valor estético.

Acertadamente, Flora Süssekind observa que no romance de José Maria de Toledo Malta, mais que entrelaçamento de ficção e memória, há enlace entre ficção e ensaio; daí não serem nada gratuitas, no romance, as referências a Montaigne, de cujos *Ensaios* Toledo Malta foi exímio tradutor. Lembrando que no início do século houve uma intensificação do diálogo entre Literatura e técnica, Süssekind aborda *Madame Pommery* sobretudo no plano da técnica literária, a fim de sublinhar os elementos que representam aspectos inovadores, a exemplo da constituição singular dos componentes da narrativa (narrador, personagem, leitor). Segundo a ensaísta, o narrador se define por sua capacidade reflexiva, ao passo que a personagem se despersonaliza em personagem-rótulo (Pommery remete a uma marca de champanha) e, por sua vez, o leitor é uma construção da própria narrativa.

Valendo-se de um ritmo acentuadamente digressivo e de uma postura contestadora dos modos de narrar, *Madame Pommery*, ao exibir seus próprios procedimentos narrativos, antecipa um dos avatares do modernismo, a exposição da Literatura como técnica.

2
A BIBLIOTECA NO BORDEL

O séquito de uma singular cortesã

> *Não me cansa o espetáculo de um*
> *advogado, de um ladrão, de um coronel,*
> *de um bobo, de um lorde, de um trapa-*
> *ceiro, de um político, de um rufião.*
>
> Swift. *Viagens de Gulliver*

Madame Pommery compõe-se de poucas personagens. Praticamente todas comportam-se como planas, sem nenhuma complexidade psicológica de vulto.

No segundo capítulo, por meio de referências vagas, são apresentadas personagens-tipos: o Sequeirinha, o Castro e o Lulu. Considerados os elegantes do tempo, são sumariamente descritos por uma lente ridicularizadora da única nota que os distingue, o traje:

> A mocidade divertia-se, então, sem os requintes modernos da elegância refinada. Em assunto de modas, primavam os grandes paletós de abas enormes e os chapeuzinhos de palha de aba insignificante. De modo que os mais famosos ele-

gantes do tempo, o Sequeirinha, o Castro e o Lulu, especializaram-se na arte de prolongar as abas do casaco até abaixo dos joelhos, emparelhando as do chapéu com o ressalte das orelhas. Isto dava-lhes uma figura bufa, extravagante, e muita celebridade. (Tácito, 1992, p.40)

Os pais da protagonista são apresentados no terceiro capítulo. O pai, Ivan Pomerikowsky, polaco, profissão "lambe-feras" em um circo de ciganos; a mãe, Consuelo Sanchez, espanhola, ex-noviça em um convento de Córdoba. Dessa união insólita nasce Ida Pomerikowsky, que mais tarde se chamaria Madame Pommery.

A mãe de Ida, além de ex-noviça, é neta do padre Tomás Sanches, autor de um tratado, *De Matrimonio*, escabrosíssimo segundo o narrador:

Se não fosse em latim, suplantava o Bocage na Ribeirada, e vale mais que o Garnier e o Montagazza. E – curiosas conseqüências do atavismo! – algumas das invenções mais crespas do catálogo do avô divulgaram-se em São Paulo três séculos mais tarde, graças ao engenho de uma décima neta... (id., ibid., p.51)

Consuelo, obedecendo a leis atávicas, não tardou a desvencilhar-se do domador de feras e da filha, fugindo com um toreador de Barcelona. O pai, abandonado, contrata para a pequena Ida uma preceptora, Zoraida: "uma cigana madraça que, de quebra, o consolava da viuvez nos ócios do magistério" (id., ibid., p.52). O narrador acentua, como traço marcante de Ivan, o pai, um afinado e inescrupuloso faro mercantil. Seu projeto maior em relação à filha é lucrar à custa da virgindade da mesma, intenção satiricamente fundamentada em versículos do "Êxodo".

As personagens paterna e materna foram construídas com rápidas pinceladas, de modo a configurar apenas os traços essenciais à construção da personalidade de Madame Pommery. Da mãe, segundo o narrador, herdaria caracteres bastante contrastantes: disciplina (resquício de clausuras antepassadas) e taras patológicas. Do pai, herdou "o nariz adunco, estigma da raça e, concomitantemente, o gosto das finanças, a cupidez e o faro mercantil" (id., ibid., p.52).

O balanço adequado desses traços entre o pragmático e o desvairado fornece os subsídios necessários à construção do perfil de Madame Pommery, seguindo satiricamente os festejados moldes biologicizantes das leis da influência da hereditariedade e do meio, para justificar e tornar verossímeis suas habilidades portentosas. Tão portentosas que deram sinais logrando de saída o próprio pai. A jovem Ida Pomerikowsky reconhece ser direito seu embolsar o dinheiro destinado a reparar a perda da virgindade que, afinal, era sua. Essa lógica cristalina a estimula a ludibriar o pai e a fugir, levando consigo o dinheiro e a preceptora, Zoraida.

Na construção da personagem Ivan Pomerikowski há um tema humorístico bastante convencional e preconceituoso, porque centrado na difundida idéia de que os judeus, por dinheiro, são capazes de tudo negociar sem o menor constrangimento. Madame Pommery, tendo se saído melhor que o pai na arte do cálculo, frustrou-lhe o intento, descobrindo o método – um misto de trapaça e lubricidade – que, aperfeiçoado, ser-lhe-á vital.

Mr. Defer é um marujo normando, imediato do cargueiro *"Bonne Chance"*, no qual Madame Pommery, saindo de Marselha, chega ao Brasil. O expediente utilizado para empreender tal viagem foi colocar seu corpo à disposição do marujo durante o trajeto. Mr. Defer é uma personagem inexpressiva, criada apenas para ser o acompanhante de Madame Pommery. Representa um tipo absolutamente estereotipado, reforçador da tendência à promiscuidade comumente atribuída aos marujos.

No Brasil, a lista de tipos cresce. O primeiro, e o mais encantador aos olhos de Pommery, é o coronel Fidêncio Pacheco Izidro, possuidor de cinco fazendas, deputado, chefe político e diretor de partido. Para espanto de Madame Pommery, o coronel Pacheco Izidro é casado com dona Zoraida, a "cigana maduraça" e trapaceira que fora preceptora da pequena Ida. Zoraida e o coronel formavam um casal de sólida reputação, fato que oferece a Madame Pommery uma amostra decisiva da maleabilidade e liberalidade dos costumes nas terras do café.

Percebendo que os chamados coronéis são homens abastados, que gastam altas somas para atestar a importância de sua figura e estar à altura desse título, Madame imediatamente os torna objeto de desejo, pois neles vê a fonte do capital viabilizador de seus planos. Esse capital, porém, não virá do coronel Pacheco Izidro, mas do coronel Pinto Gouveia, apresentado pelo narrador como sujeito de sessenta anos, celibatário, comissário de café, abalizado comerciante.

Pinto Gouveia é uma personagem caracterizada pela ineficiência no trato com Madame Pommery. Pretendendo ajudá-la em proveito próprio, comete um grande equívoco: em vez de entregar os dez contos solicitados por Madame para montar um negócio particular, entrega-lhe apenas seis, em função dos quais julga-se, depois, no direito de se instalar lorpamente no bordel de Madame Pommery. Passados dois meses e quatro dias de boa vida para Pinto Gouveia, Madame apresenta-lhe uma suntuosa conta, da qual, abatida a soma que ele lhe emprestara, restavam ainda quase sete contos a ser pagos. Tendo se vingado da pequena trapaça do coronel, Madame deixou claro que ele, nem de longe, era páreo para sua perspicácia. Desse modo, Pinto Gouveia é peremptoriamente descartado, porque já não tinha função alguma a exercer em prol dos projetos de Madame.

A ela convinha agora o tesoureiro da Companhia Paulista de Teatros e Passatempos, o doutor Filipe Mangancha, visto que este poderia conseguir-lhe as melhores frisas dos teatros paulistanos para expor, com pompa e circunstância, suas discípulas.

Filipe Mangancha é um ilustre cirurgião, codinominado o Magarefe – nome que remete ao que mata e esfola reses nos matadouros e, figuradamente, a mau cirurgião – devido à sua sanha com os bisturis. Descrito como grande fumador de bons charutos e inabalável defensor do álcool, Mangancha assoma como um beberrão ingênuo, incapaz de perceber a insignificância real de sua aparente importância.

Utilizando seu discurso autorizado, na competência de médico, Mangancha participa de uma das passagens nitidamente satíricas mais brilhantes do romance: a defesa do álcool como alimento aperfeiçoador da raça humana, fundamentada em uma tese inédita do médico, "Do alcoolismo, adaptação e seleção na espécie humana":

MANGANCHA

Você está vendo só o reverso da medalha. Veja a outra face também. Dentre esses bêbados, epilépticos e degenerados, saem os monstros e os criminosos natos; mas também saem os gênios e os portentos. Goethe, por exemplo, bebia de cair, e até morrer, aos oitenta e três anos, não perdeu o costume de tomar pileques, por higiene. Beethoven era um maníaco, filho de um bêbado; e bastam estes dois, porque só um Larousse pode conter os que não cito. Mas, se houver apenas um Beethoven, ou um Goethe, para cada milhão de idiotas fabricados pelo álcool, ainda assim o lucro real da humanidade será inestimável, infinito, prodigioso.

Viva o álcool, senhores, o benfeitor da humanidade! (id., ibid., p.113)

Como interlocutor de Mangancha, aparece o doutor Narciso de Seixas Vidigal, médico, parceiro habitual à mesa do colega no bordel de Pommery, anel da profissão no dedo.

48   SANDRA A. FERREIRA

Gentil, afrancesado no falar, recomendava invariavelmente aos pacientes, qual fosse a perturbação, água de Janos. As personagens Mangancha e Vidigal, encarnando tipos médicos caricaturescos, dão lugar à sátira do discurso competente, à paródia dos meandros constitutivos dos discursos científicos então em voga.

Outro freqüentador do bordel de Madame Pommery é o bacharel Romeu de Camarinhas, almoxarife da Intendência. Representa o terceiro trunfo de Madame Pommery na consecução de seus planos. O Cassino[1], após a inauguração do bar do Teatro Municipal, entrou em franca decadência e, portanto, à Madame não mais interessavam os favores do diretor da Companhia Paulista de Teatro e Passatempos. Mudara-se o lugar para a exposição das cortesãs. Trocavam-se os cafés-concerto pelos bares e cinemas.

Além disso, sobre a cabeça de Madame Pommery, em virtude da ânsia de abrir praças e alargar ruas que caracterizou a urbanização frenética de São Paulo, pendia a ameaça de demolição do sobrado que abrigava seu bordel, o *Paradis Retrouvé*. Havia, ainda, ameaças ligadas a questões de impostos e regulamentos das pensões, destinadas a afetar a bonança econômica do *Paradis*. O homem que convinha a Madame, portanto, era o almoxarife da Intendência, Romeu de Camarinhas, em favor do qual ela dispensou, com farsescos requintes, o doutor Filipe Mangancha.

Dentre as personagens secundárias, destaca-se o senhor Justiniano Sacramento, a quem o narrador atribui cinqüenta anos de idade e trinta anos de serviço público, como terceiro lançador na Arrecadação Estadual de Taxas e Impostos. Era, ainda, revisor do *Jornal de São Paulo*. Justiniano Sacramento, como já sugerem os lexemas (just-, sacr-) que lhe compõem o nome, é o protótipo, segundo o narrador, do homem escrupuloso, honesto, respeitável e solene.

---

1   Trata-se do Cassino Antárctica, construído em fins de 1913 na Rua Anhangabaú.

A personagem Justiniano parece ter sido moldada com vistas à representação irônica da fragilidade dos moralismos e preconceitos mais arraigados. Antes de conhecer o *Paradis*, Justiniano é o que se pode considerar um cidadão modesto, satisfeito consigo mesmo, muito religioso e excelente profissional. Tinha por únicos e maiores prazeres "sair de opa e estandarte na procissão de *Corpus Christi*, envergar a sobrecasaca, pôr cartola e cumprimentar o presidente no dia 15 de novembro" (id., ibid., p. 150). Tendo conhecido a casa de Madame Pommery e lá encontrado os membros mais ilustres da Irmandade do Santíssimo Sacramento – que tinham por companhia o "deputado Fulano, o jornalista Sicrano, o Ministro tal, um grande titular do Vaticano, dignatários de irmandades, médicos, jurisconsultos" (id., ibid., p.152) –, Justiniano desarma-se de todas as prevenções contra o bordel e se deixa seduzir, pondo a perder todas as suas economias, seguidas pelo próprio salário mensal.

Essa personagem parece ser uma alegoria do poder do vício sobre a virtude, da capacidade que tem o primeiro de se transmutar na segunda, sob um olhar ingênuo. No *Paradis* pontificar pessoas reconhecidas como celebridades pela personagem bastou para persuadi-la quanto ao equívoco de seus julgamentos primeiros. A justificativa para sua própria rendição apresentada por Justiniano é um ideal de explícito primarismo – catequizar as mundanas – do qual o narrador dá a justa dimensão:

> Concebeu, portanto, o projeto de tocar os corações a algumas que lhe pareceram mais predestinadas. Obra pia edificante e muito de tentar, porque era um exercício de virtudes, por uma estrada de delícias. Ele não viu certamente, por simplicidade própria ou por malícia do diabo, que empresas desta ordem são sempre incertas, e perigosas em tanto extremo que só convêm a grandes santos, por uma graça especial da Providência Divina; e, mesmo assim, ainda dão muito que falar. Pafúncio converteu Taís; mas a sua boa fama ficou ex-

posta às invenções heréticas de Anatole France. Verônio, bispo de Heliópolis, converteu Pelágia de Antióquia; mas também não sairá canonizado, se algum Anatole se lembra por acaso de lhe esgaravatar na biografia. Menos do que isso não podia acontecer a Justiniano, que, conquanto devoto, nunca se conheceu em cheiro de santidade. (id., ibid., p.154)

O episódio que envolve Justiniano traz à cena uma nova personagem, Chico Lambisco, caracterizada apenas como um "foliculário de grande prestígio". É Lambisco quem, a pedido de Madame Pommery, solicita a Pacheco Izidro medidas contra as taxas de impostos atribuídas por Justiniano ao *Paradis*. A fim de que Justiniano reveja as taxas propostas, Lambisco o conduz ao bordel, convencendo-o de que um homem podia perfeitamente ser íntegro, austero e freqüentar a casa de Madame. Lambisco, como atesta o próprio narrador, assume o papel de Mefistófeles diante de Justiniano.

Justiniano Sacramento não é a única personagem ingênua literalmente devorada pela combustão da máquina movida por Pommery. Faz-lhe par a personagem Sigefredo, que, segundo o narrador, era um "alemão vindiço, cara de Cristo de Alberto Dürer, com um pincenê de ouro sobre uns olhos de carneiro. Dizia-se industrial, estudava empresas grandiosas, e lá ia dissipando no jogo e na gandaia o juro e os capitais das suas indústrias futuras" (id., ibid., p.95). Trata-se de um tipo generosamente esbanjador, que a todos socorre nos momentos de apuro, até que se lhe esvaem os meios, vendo-se, então, na necessidade de se amparar nos amigos que tantas vezes amparara, quando, para seu espanto, todos lhe dão as costas, considerando-o perdulário e, pior, rufião, indigno de qualquer ajuda.

O narrador não perde a oportunidade de sublinhar satiricamente os contornos da hipocrisia vigente em certos meios sociais, informando que Sigefredo, na mais amarga miséria, recebeu uma herança vinda da Alemanha. Aqueles que souberam da herança convenceram-se imediatamente da falsidade dos boatos sobre o novamente rico Sigefredo.

O chamariz utilizado por Madame Pommery para atrair tantos e diferentes freqüentadores eram seis discípulas, "todas dotadas daquela graça venal das pecadoras", segundo o narrador. A descrição das mesmas, todavia, aponta para a quase ausência de qualquer graça. A Leda Roskoff é descrita como:

> Loura eslava, madura e muito grande, decotada até a cintura, (...) sobre a carne de açucena muito creme da rainha, pó-de-arroz cheiroso, e uma parte do milhão de jóias que um grão-duque lhe dera na gloriosa mocidade. A outra parte estava nos dedos; ao todo, muita pérola e muito brilhante, muita safira e muita esmeralda, como só se vê nas lojas dos joalheiros. (id., ibid., p.95)

Coralina é descrita como "rechonchuda 'popalona', que dava umas risadas malandras, com os trinta e dois dentes fora e as ventas para o teto" (id., ibid., p.95).

Descreve-se Isolda Bogary como "muito graciosa francesinha, apesar de certa brotoeja, rebelde aos mercuriais, prevalescente ao pó-de-arroz" (id., ibid., p.95).

Lia é irmã de Isolda Bogary. Apesar de nariguda e magra, informa o narrador, é extremamente sedutora. Acerca da discípula Fanny não há consideração alguma, além da menção desse nome (feita à página 153), que remete à heroína homônima do romance de Feydeau, publicado em 1858, caracterizado, segundo a célebre resenha de Émile Montégut, pelo esforço do vício em se poetizar (cf. Lima, 1984, p.257).

Por fim, apresenta-se Nenea, "uma polpuda e forte brasileira, a única patrícia que ali honrava a prostituição brasileira" (Tácito, 1992, p.104). Segundo o narrador, essa personagem é fisicamente bastante parecida com Madame Pommery.

A análise das características, ainda que escassas, atribuídas às discípulas de Madame Pommery revela a elaboração de tipos de prostituta absolutamente convencionais. Excessivas no falar, vestir, maquiar, enfim, no comportamento. A ênfase colocada nesses aspectos depreciativos faz um contraponto satírico às propaladas benesses refinadoras dos costumes promovidas pelo *Paradis*.

O pequeno rol de personagens apresentado constitui o universo do qual Madame Pommery é o centro gravitacional. Como se pode constatar a partir do levantamento dos traços que compõem a figura física e o perfil psicológico, trata-se de um rol de personagens nitidamente planas, visto que são construídas a partir de uma única idéia ou qualidade, não apresentando evolução no decorrer da narrativa e, por isso, não oferecendo surpresa ao leitor. As personagens planas em Madame Pommery subdividem-se em tipos e caricaturas.

Por "tipo", E. M. Forster entende a personagem que alcança o auge da peculiaridade sem atingir a deformação. A essa modalidade pertencem Zoraida, Mr. Defer, Pinto Gouveia, Romeu de Camarinhas, Fidêncio Pacheco Izidro, Chico Lambisco, Sigefredo e as discípulas de Madame, pois são personagens que, definidas com poucas palavras, configuram um elenco marcado por peculiaridades ligadas aos papéis sociais que exercem (sublinhados pelos títulos: coronel Pinto Gouveia, coronel Pacheco Izidro, bacharel Romeu de Camarinhas), ou, então, pela descontinuidade no exercício daqueles papéis (as discípulas de Madame Pommery, Chico Lambisco, Sigefredo, Mr. Defer, Zoraida). Umas e outras reproduzem estereótipos consagrados, são elementos quase decorativos, que, eventualmente, tornam-se funcionais para a realização das peripécias de Madame Pommery.

Há, ainda, as "caricaturas", entendidas como personagens cuja qualidade ou idéia única são levadas ao extremo, criando-se uma distorção propositada, a serviço da sátira. É o caso das personagens Justiniano Sacramento, Filipe Mangancha, Narciso de Seixas Vidigal, Ivan Pomerikowski e Consuelo Sanchez, por possuírem os traços característicos acentuados de modo a revelar, pela deformação, tendências claras: ingenuidade desconcertante, discurso vertiginoso e infundado, obtusidade pomposa, avidez monetária e sensualismo desbragado, respectivamente. Também essas personagens existem como pano de fundo do cenário em que, absoluta, se move Madame Pommery.

A singular cortesã

Madame Pommery, embora diferenciada das demais personagens, não possui complexidade suficiente para surpreender deveras o leitor. Sua caracterização apresenta fortes componentes caricaturais, e se sua complexidade não surpreende é porque o narrador insiste em lançar mão das mesmas qualidades e tendências na construção dela, de modo que a definição da mesma assume um caráter parafrástico. Assim, mesmo que a personagem pareça evoluir ao longo da narrativa, não chega a ser multifacetada psicologicamente, pois apresenta qualidades e idéias fixas, praticamente invariáveis, o que parece inseri-la no rol das personagens planas.

Todavia, Madame Pommery é a personagem central, em torno da qual se agregam as personagens secundárias anteriormente comentadas. O narrador a apresenta no segundo capítulo, fazendo a síntese de sua trajetória:

> Madame Pommery desembarcou um belo dia em São
> Paulo, com as suas roliças enxúndias, quatro cançonetas, um
> fato de toureador e dois baús. Começou pobremente. Depois
> cresceu e se multiplicou; granjeou fortuna, importância e hon-
> rosa fama, alargando-se cada vez mais por toda a terra

54   SANDRA A. FERREIRA

seduzida pelo insidioso influxo de sua personalidade. (Tácito, 1992, p.38)

As subseqüentes referências a Madame Pommery serão
feitas no sentido de construir seu perfil psicológico: uma
mulher empreendedora cujo objetivo é refinar os costumes
mundanos da provinciana São Paulo de então. Para dar
credibilidade a tal pretensão, o narrador a descreve como
dotada de "espírito agudo na observação psicológica" e de
inigualável poder de análise das possibilidades monetárias
mais rentáveis.

Ao chegar ao Brasil, Madame Pommery, contando 35
anos, tem um começo difícil e medíocre. Hospedada no
Hotel dos Estrangeiros, engajou-se no Politeama[2] como
"*gommeuse* cosmopolita*", participando de espetáculos de
luta romana entre mulheres. Sua primeira vitória é tornar-
se campeã dos "pesos-fortes", o que lhe conferiu imediata
celebridade.

No capítulo IV, o narrador apresenta, em discurso direto, a divisa que rege os passos de Madame Pommery:

Con arte y con engaño
Vivo la mitad del año;
Y con engaño y arte
Vivo la otra parte. (id., ibid., p.67)

Essa divisa glosa todos os movimentos de Madame
Pommery, coroados por uma mistura de sedução e trapaça,
que lhe garantirá plena ascensão social. A segunda divisa de
Madame é «*the right man in the right place*», rigidamente
observada, como demonstrado no subcapítulo anterior, na
escolha dos parceiros que pontificariam a seu lado, conforme as circunstâncias e os propósitos da protagonista.

---

2   O teatro Politeama surgiu em 1892 e desapareceu em 1914, em um
    incêndio. Situava-se na avenida São João.

Madame Pommery é uma personagem marcada pelo pragmatismo levado às últimas conseqüências, seja em suas relações pessoais, seja nas relações com suas discípulas, às quais impõe um rígido código disciplinar, que abomina o amor desinteressado. Aliás, nada pode ser desinteressado no esquema de Madame Pommery. Tendo montado o *Paradis Retrouvé* – um pardieiro com pretensões a escola de refinamento da sociedade –, fará os visitantes cumprirem rigidamente seu princípio inalienável: "Paga tudo que fizeres" (id., ibid., p.90).

A fundação do *Paradis Retrouvé* e o estabelecimento das normas monetárias inflexíveis que o regem apresentam um respaldo sólido: a prodigalidade dos coronéis. Recém-chegada ao Brasil, Ida Pomerikowski deparou-se com o paradigma do coronel, representado por Pacheco Izidro. Esse encontro constitui uma das divertidas cenas de Madame Pommery vazadas em discurso direto. Após interpelar o criado do restaurante acerca da identidade do cavalheiro que acompanhava Zoraida, sua antiga preceptora, que agora lhe votava o mais frio descaso, obteve a seguinte resposta:

– É o coronel Fidêncio Pacheco Izidro com sua senhora. De São Paulo. Muita influência...

– Que dice usted? Es coronel el caballero? Pero no tenia el uniforme...

– Não é preciso... Aqui, quando um freguês não é doutor, é coronel. Coronel é qualquer freguês de respeito – quando paga tudo. Há doutores, até, que são coronéis.

– Ah! Y lo paga todo el coronel... Como se llama?

– O coronel Pacheco Izidro; certo que paga tudo. Tem cinco fazendas! Deputado. Chefe político de Butucuara. Diretor de partido...

– Mardita sea! Y la señora?

– Dona Zoraida, espanhola como vossa senhoria. Muito generosa... e estimada...

– Si?... Pero, digame usted, los hay acá muchos coroneles, muchos dotores-coroneles?

56   SANDRA A. FERREIRA

> – Oh, se há!!... Está assim!!... (e mostrava os dez dedos api-
> nhados) – Uma fartura!...
> – Dios mio, caramba!... que tierra tan bonita! (id., ibid.,
> p.63)

O fragmento acima transcrito revela, desmascarando-
os, dois pseudotítulos marcantes na cultura brasileira,
"doutor" e "coronel". Ambos conferem às pessoas deles
investidas ascendência e autoridade. Todavia, o narrador de
Madame Pommery sugere, pela óptica de uma estrangeira,
o vazio recoberto por essas formas de tratamento conferidas
àqueles que detêm poder político ou econômico.

Trata-se, na verdade, de formas reverentes cristalizadas,
cujo emprego ressalta a projeção social fundada no poder
econômico ou em títulos acadêmicos (doutor) e a projeção
social respaldada no uso-abuso do poder econômico-polí-
tico (coronel). O primeiro parece haurir seu prestígio de
uma competência virtual; o segundo, de uma concreta e
imediata possibilidade de pôr e dispor as coisas como bem
lhe aprouver. A composição dessas formas de tratamento,
"dotores-coroneles", efetuada por Madame Pommery, tra-
duz já a intenção de abordar o coronel por aquilo que parece ter de mais frágil, o ego. O doutor, no discurso de
Pommery, soa como uma segunda e calculada reverência à
matéria-prima de seus planos, o coronel.

A primeira idéia que ocorre a Madame Pommery para
conseguir dinheiro, a fim de montar seu próprio negócio, é
escrever à Zoraida para, sutilmente chantageadora, obter
"uns treinta o cuarenta contitos para se ir vivir en paz" (id.,
ibid., p.64). Esse propósito de Madame Pommery é o único ao qual o narrador atribui alguma dose de ingenuidade,
resultante do desconhecimento, por parte daquela, da tolerância de costumes cá vigente. Tal tolerância é ironizada por
meio de referências a um duvidoso cristianismo, movido
não por sentimentos nobres, mas pela força do dinheiro:

É que, com toda a sua fina argúcia, Mme. Pommery não pressentira bem os extremos do sentimentalismo cristão nestas paragens. Só tarde percebeu que a história da madalena redimida, da adúltera amparada, do bom ladrão absolvido e parábolas congêneres hão de se entender, aqui, ao pé da letra. – Sublime exemplo! Admirável caridade! Tanto mais admirável quanto com mais fervor se aplica naqueles pacientes que, por muito dinheirosos, podiam dispensar a compaixão... Tal era o caso do coronel e de Zoraida. Todo o mundo conhecia, até melhor que Mme. Pommery, as aventuras passadas da matrona. (...) E a reputação do casal era tão sólida como as finanças de Pacheco Izidro. Inabalável! (id., ibid., p.66)

O fragmento anterior é primoroso no revelar, satiricamente, a hipocrisia contida nos julgamentos proferidos conforme o capital acumulado por aquele que está em julgamento. Quanto maior a fortuna, maior a benevolência dos circundantes. Aos dinheirosos as falhas morais não rebaixam, antes elevam, seguindo as leis de um mundo anômalo no qual todos os sinais foram invertidos. O narrador é extremamente hábil ao revelar tais inversões, as quais, ao cabo, reduzem completamente o prestígio dos modelos focalizados. A amoralidade de uns e a complacência imoral de outros assomam como os dois lados de uma moeda social corroída, desprovida de qualquer valor para além de seu próprio círculo estagnado.

Um primeiro erro de cálculo não arrefece o ânimo de Madame Pommery. Se Pacheco Izidro era inatingível, havia ainda uma infinidade de coronéis a ser investigados e devidamente utilizados. Pommery sabe, como ninguém, esperar a ocasião adequada à consumação de seus intentos. Assim, expõe ao coronel Pinto Gouveia seu plano para atrair "pernas estrangeiras" e montar um negócio no qual o elemento fundamental seria a "capacidade financeira do coronel". À exposição de seu plano não faltam sugestões irônicas reveladoras da incalculável estultícia dos coronéis:

58 SANDRA A. FERREIRA

O desprendimento e a abnegação dos coronéis eram um ponto mais que demonstrado. Bastava atraí-los a um ambiente adequado, onde estivessem bem combinadas as tentações da carne e da embriaguez com as pompas de um luxo espetaculoso, para os ver despojarem-se de tudo, até da própria camisa. (id., ibid., p.76)

A autoridade, o profissionalismo e os modos de "secretário da fazenda" adotados por Madame Pommery, associados a pequenas artimanhas, alcançam a colaboração de Pinto Gouveia, nos termos já referidos no subcapítulo precedente. Desse modo, Madame instala-se, com suas colaboradoras e os apetrechos necessários, em um "vistoso e largo sobrado da Praça Paesandeu e canto da Rua D. João, que se levanta bem no alto da zona dos teatros e demais antros noturnos" (id. ibid., p.78). A esse estabelecimento denominou, como já informado, "Au Paradis Retrouvé"[3].

Apesar do nome pretensioso e da desmedida ambição da proprietária, o narrador incumbe-se de desfazer qualquer ilusão acerca do interior do Paradis, descrevendo-o sem nenhum floreio:

Errará da mesma forma quem supuser que o serralho de Mme. Pommery, conforme promete o nome edênico de Paradis Retrouvé, fosse trastejado e alfaiado de maneira que imitasse, em esplendor, moleza e encanto, algum sonho de paxá milenário: ou que as celas de suas professas pudessem lembrar o aconchego suntuoso de uma Citera de Odivelas, onde o bordelengo D. João V gastara alguns milhões das minas brasileiras para aninhar os seus amores danados com a bernarda Madre Paula. Nada disso.

Manda a verdade que se diga, e ela é a única luz dessa história verdadeira, que o Paradis Retrouvé, se por fora mais tinha de pardieiro que de palácio, também por dentro não se parecia nada com um harém. (id., ibid., p.92)

_____
3 "No Paraíso Reencontrado"

A descrição dos cômodos e dos objetos e móveis que os guarneciam confirma e reforça a idéia de "pardieiro". Tudo parece ser um tributo à vulgaridade. Entretanto, se o aspecto físico do bordel tem muito de descuidado, as normas que regem seu funcionamento são extremamente rígidas e detalhadamente planejadas.

Madame Pommery controla cada movimento, seja dos clientes, seja das colaboradoras. O narrador faz saber que Madame certamente conhecia como ninguém a lei fundamental da prostituição: "a meretriz vale de fato não o que parece valer, mas o que se faz pagar" (id., ibid., p.75). Mostra que Madame leva esse princípio às últimas conseqüências, fazendo com que os clientes paguem quantias exorbitantes por serviços e produtos ordinaríssimos. A prestação desses serviços e a oferta dos produtos regiam-se pela "tarifa centesimal", nome impróprio segundo o narrador, "porque não havia nela centésimos de coisa nenhuma, senão centenas: taxa de 100 mil-réis, 200 por cento nos gastos facultativos, e outro tanto no champanha obrigatório" (id., ibid., p.75).

O narrador atribui à perspicácia de Madame Pommery a substituição da cerveja pelo champanha como acompanhamento das farras de alto bordo. No *Paradis*, o consumo do champanha era norma, ao preço de trinta mil-réis a garrafa. O narrador, para ressaltar a face ardilosa de Madame Pommery, informa:

> (...) Agora ninguém se espantará quando souber que o seu champanha de trinta mil-réis a garrafa não passava de *Pommery* comum de dez mil-réis a garrafa, quando não era o *Cliquot* adocicado ou *Gran Moscato*. (id., ibid., p.76)

Por trás da rigidez dos princípios de Madame na direção de seu estabelecimento, rasgadamente elogiada, o narrador vai paulatinamente fazendo assomar um sem-fim de falcatruas e engodos. Esse expediente narrativo produz um efeito satírico muito eficaz: a sombra da profissional impecável, filtrada pela lente satírica do narrador, desenha um aleijão ridículo. A cantada sabedoria de Madame Pommery ressoa a mais chã velhacaria.

Tendo chegado a São Paulo em um momento oportuníssimo – o café voltava a ser valorizado, a cidade começava a se industrializar, inovavam-se os costumes urbanos –, Madame Pommery valeu-se de todos os ensejos para ascender socialmente, tendo completo êxito em seu projeto. O narrador, entretanto, traçou, paralelamente à ascensão, um movimento descendente, revelador dos meios escusos determinadores da ascensão social da protagonista. De engabelo em engabelo, Pommery torna-se:

> Senhora de peso entre os financeiros da terra: acionista de companhias, proprietária de prédios e terrenos, credora do Tesouro, em conta corrente com o London Bank. E tinha no fundo do cofre o bastante, e até de sobra, para comprar as fazendas de Pacheco Izidro e o próprio palácio, se o quisesse. (id., ibid., p.160)

Declarando o sucesso integral de Madame Pommery, o narrador esforça-se para mostrá-la, após ter conseguido tudo o que desejava, alheia a suas conquistas, com o intuito claro de caracterizá-la como um logro capaz de a todos lograr. A protagonista deseja, no último capítulo, um triunfo final sobre a sociedade permissiva, mas preconceituosa, que gira em torno dela. Já não lhe bastam a influência e as posses; precisa, para sentir-se de fato vitoriosa, ter acesso pleno à sociedade paulistana.

Nesse ponto, ocorre uma inversão iluminadora das irônicas declarações acerca do prestígio social de Madame Pommery, a quem o narrador insistentemente apresentou como a refinadora dos modos dos rapazes, homens e até das senhoras da mais alta sociedade paulistana. Ao longo da narrativa, Madame é focalizada como o centro vital dessa sociedade, mas, paradoxalmente, precisará de um estratagema para ter acesso oficial a essa mesma sociedade. Esse paradoxo revela satiricamente a larga distância existente entre o parecer e o ser dos papéis sociais, a nítida superficialidade das convenções mais acirradas:

> Desta vez o capricho era atrevido deveras, porque ia (Madame Pommery) desafiar preconceitos carrancudos de uma aristocracia escumada, cheia de melindres, e zelosa de seus títulos, que não se vendem barato.
> (...)
> A única coisa que lhe faltava, para o coroamento de sua vida, era o ingresso franco do grêmio social aristocrático. Mas havia um preconceito que lho vedava, a menos que se reconciliasse com as formalidades da moral. Esta reconciliação, que já estava feita no caso da Zoraida, resumia-se numa simples cerimônia ao alcance de qualquer pessoa de boas partes: – o casamento.
> – Só isso?
> – Só.
> – Pois, então, casava! (id., ibid., p.161)

E aqui está um momento decisivo, sugeridor de que Madame Pommery também se modificou no contato com a sociedade que pretendeu educar. Saiu educada por essa sociedade, ao aceitar as regras por ela impostas. Ao apresentar o último e insólito capricho da pragmática Madame Pommery, o narrador traz à tona, satiricamente, a questão do casamento por conveniência, atacando sobremaneira a figura dos novos-ricos, visto que é entre eles que Madame decide buscar seu consorte, a ser escolhido entre um "negociante de couros", "um droguista de vinhos" e "um comissário de mamona", acerca dos quais o narrador informa:

> Eram três sujeitos levantados da poeira na véspera, ainda meio tontos da altura em que se viam, e muito encoscorados do cascão da gleba.

62   SANDRA A. FERREIRA

(...)
Estes três indivíduos distinguiam-se, entre os da classe, por uma tendência muito acentuada a se abeirarem da gente fina, cujas maneiras copiavam grotescamente, numas paródias ridículas.

Madame Pommery, com manejos dissimulados, apalpou-os de alto a baixo; reconheceu que eram da massa legítima de que se fazem os ricaços empavesados, os barões de meia-tigela, e os maridos de aventureiras milionárias, na idade do reumatismo e das crises de tédio torvo, apenas iluminado pelas perspectivas de uma existência respeitável, com decoro, com opulência, e com tranqüilidade. (id, ibid., p.162)

Madame Pommery configura-se, ao término, como uma anti-heroína, porque, subvertendo os valores normativos da boa conduta para chegar ao topo do prestígio social, mostra-se para o leitor como agente de degradação moral. Sendo assim, Pommery inviabiliza qualquer heroicidade: filha de pais anônimos e amorais, transforma sua própria amoralidade em um fator de desmistificação de uma sociedade baseada no conceito de moral e honra, sugerindo, com suas peripécias, que a pretensão de honra e moral é fictícia, pois conseguiu sua ascensão socioeconômica afastando-se mais e mais dos procedimentos permitidos pela sociedade.

As considerações anteriores parecem apontar para laivos do perfil picaresco assumido pela personagem Madame Pommery. O pragmatismo de Madame Pommery é, sem dúvida, digno do pragmatismo dos grandes pícaros, que só visam ao proveito próprio, lesando freqüentemente terceiros. Se o pícaro degrada suas próprias origens, desqualificando os próprios pais, convém lembrar que os pais da protagonista já são desqualificados; todavia, Madame Pommery não pensa duas vezes para enganar e renegar o pai, partindo em busca de novos horizontes, como partem os pícaros clássicos.

Na picaresca clássica, o amor visa à utilização da mulher como objeto adequado aos fins do pícaro. Em *Madame Pommery*, é explícita a coisificação dos homens efetuada por Madame, que os vê apenas como instrumentos úteis à consecução de seus planos, após o que descarta-se deles sem o menor embaraço.

Essas considerações acerca de alguns traços da picaresca presentes em *Madame Pommery* pretenderam mostrar como aquela modalidade está, sob certos aspectos, refletida no perfil da personagem Pommery, porque esta, à maneira dos pícaros, vale-se da astúcia para sobreviver num meio hostil e, sobretudo, para superar a marginalidade, ascendendo socialmente.

Em vista das considerações acerca da personagem Madame Pommery, conclui-se que é a partir de sua configuração – marcada por uma parafernália de atributos excessivos, de elementos caracterizadores de uma perspicácia ímpar – que o narrador promove uma visão satírica da sociedade paulistana de então, pois nela intrega a neopícara Pommery, valendo-se tanto da subversão quanto da aceitação dos recursos consagrados por aquela sociedade.

Um narrador labiríntico

> *Divaguei demais, de maneira que devo voltar ao meu tema. Penso que as vantagens da Proposta que estou anunciando são óbvias e muitas, assim como da maior importância.*
>
> *Swift*. Modesta Proposta

Em qualquer narrativa, é essencial a relação entre o narrador e a história, por um lado, e entre o narratário e o leitor, por outro. Em *Madame Pommery*, a voz do narrador, apresentando características diferenciadas em conformidade com o estatuto da persona Hilário Tácito, produz um concerto de vozes, cuja função não se restringe à representação do universo diegético (personagens, ações, tempo etc.) e mostra-se igualmente, se não mais, orientada para os modos de organização e controle das estruturas do texto narrativo. Em conseqüência disso, o narrador produz uma narrativa marcada pela digressão, que se insere na narrativa primária (a biografia de Madame Pommery), interrompendo-a sem cessar, de modo a produzir formal e funcionalmente uma narrativa dentro da narrativa.

Ao se pretender um biógrafo ou um cronista dos feitos da protagonista, o narrador dialoga satiricamente com aquela espécie de "má consciência" que, desde há muito, tem levado romancistas a, por exemplo, atribuir a autoria a outrem, dizendo-se tão-somente editores ou transmissores da obra. Semelhante estratégia, certamente, visa ao efeito de veracidade, à suspensão da dúvida diante da narrativa, numa tentativa explícita de ocultar o princípio inquestionável de que todo romance, de certo modo, parece constituir uma obra de "má-fé", por estar sujeita a convenções e artifícios.

O narrador mantém um olho sobre os fatos narrados e outro sobre o modo de narrá-los, mostrando a cena e os bastidores simultaneamente. Assim, faz o leitor ver a obra ainda na linha de montagem, por provocar um alargamento das margens pelas quais flui sua escritura, por revelar as arbitrariedades essenciais à sintagmática narrativa:

Convençam-se todos. Este é um livro honesto e de boa-fé. Se eu quisesse, ter-lhe-ia dado aquela epígrafe de Montaigne: "*C'est icy un livre de bonne foy, lecteur.*" Não lha dei porque não quis, porque embico com as epígrafes e, também, porque já esperava, de princípio, que havia de fazer mais tarde essa citação: e sou grande inimigo de repetir as cousas que já disse. Se, entretanto, o leitor achar nisso conveniência ou mérito, não lhe vedo inscrevê-la agora no frontispício, com a condição que a copiará muito exatamente e sem trocar a ortografia. (Tácito, 1992, p.34)

Valendo-se de um expediente caro a Montaigne, o da provocação ao leitor, o narrador assume uma postura crítica em relação a si mesmo e desafia o leitor a envolver-se no lúdico processo de escrever-ler como pactário, não do propalado pacto da história verdadeira, desfeito a cada capítulo, mas da verdade, construída a cada parágrafo, da história como efabulação, do texto como território ficcional, cujo suporte único é a palavra na sua dimensão plurívoca.

Em função da tessitura satírica do texto, o narrador assume um falar dobrado, em que se refletem tanto a assunção quanto a dissimulação de que o princípio narrativo se impõe seja à história seja ao romance, já que ambos são regidos pelo mesmo princípio de autoridade que, conforme Hayden White, converte a narrativa em uma "constante antropológica", cujo diferencial é dado pela "província finita" (mundo da arte, mundo da experiência religiosa, mundo da contemplação científica, mundo lúdico da criança etc.) em que ela atua (apud Lima, 1984, p.196). O narrador, pretextando fazer história, mas fazendo efetivamente ficção, sugere que o discurso da realidade será sempre voltado para o que alguém crê ser a realidade, de modo que a construção desse discurso será, em última instância, *poiética* e exigirá um *faber*, um inventor.

O falar dobrado do narrador, anteriormente referido, coloca-o dentro da narrativa, como freqüentador do bordel, na condição de observador, e, ao mesmo tempo, distancia-o dos fatos narrados, pois esses são filtrados e ampliados por uma lente satírica polida por muita leitura e afeita à inserção de digressões que ora suspendem, ora entremeiam a progressão da história. Tal posicionamento do narrador evidencia a preferência do mesmo não pelo evento, mas pelas correlações evocadas pelo evento, pelas derivações

66   SANDRA A. FERREIRA

temáticas associativas que lhe permitem ir da biblioteca ao bordel, e vice-versa, num elaborado percurso satírico capaz de relativizar as dicotomias mais arraigadas e erigir a reflexividade, no sentido de reflexão e de reflexo, como o elo mais sólido e fecundo na corrente das idéias:

> Entretanto sempre direi, a quem deixar de ler as minhas digressões incriminadas, que são elas a essência e alma desta história, e uma das invenções mais subtis do engenho humano, desde que se escrevem histórias neste mundo.
> Não há fato histórico que não suscite no espírito uma infinidade de questões gerais. Não há guerra que não faça pensar na estupidez e ferocidade naturais dos homens. Não há descoberta que não traga à baila as questões de atraso e do progresso. Não há conto que não se junte um ponto. (Tácito, 1992, p.58-9)

A narração das ações envolvendo Madame Pommery e as personagens secundárias é tecida de modo a entremostrar uma ruidosa vivacidade continuamente abafada pela postura sóbria e distanciada do narrador, que se autoproclama empenhado tão-somente em compor a biografia de Pommery, mas, tal qual Penélope, esmera-se em suspender o fio narrativo principal com vistas a, tal qual Sherazade, renovar a expectativa e assegurar o interesse do leitor. Por meios tais, Hilário Tácito desafia o leitor a entender "o mais particular de" seu "processo literário", que, sem dúvida, é a ironia, e exige-lhe o benefício da desconfiança, pois, como diz Sylvia Helena Telarolli de Almeida Leite:

> Nada deve ser lido como absoluto em *Madame Pommery*. O texto é móvel e fluido, toda afirmação da *persona* sugere ou deixa entrever o seu reverso, o que enfatiza o caráter convencional e arbitrário, essencialmente lúdico, forma de revelação e engodo, simulação e despiste, que é típico deste texto e de resto é também característica típica do gênero satírico. (1996, p.185)

Sendo assim, devem permanecer sob suspeição tanto as digressões do narrador quanto as ações ou discursos das personagens, visto que se revestem de um tom acentuadamente satírico revelado sobretudo na defesa rasgada de comportamentos reconhecidamente condenados pelo senso comum, a exemplo da prostituição e do alcoolismo, cuja finalidade implícita é exibir os ascendentes excessos dos costumes então vigentes na capital paulistana. Sem adotar o aspecto corretivo como razão primeira de ser, a sátira é manejada por Hilário Tácito como alavanca de descoberta do ridículo camuflado nas situações equívocas.

Exercendo um discurso nitidamente irônico, desvelador das contradições entre o ser e a máscara social, a técnica dialogizante do autor de *Madame Pommery* constrói um discurso tensionado, em que contextos opostos se cruzam, acirrando antagonismos profundos, que vão desde a contradição básica – inscrita na tensão estabelecida entre um discurso (ficção) cuja identidade é configurada via simulação da identidade de outro discurso (história), estabelecendo o questionamento do próprio gênero – até as contradições desveladoras da instabilidade dos discursos que se pretendem sólidos e unívocos, amalgamando, para tanto, educação e prostituição como lados de uma mesma moeda satiricamente civilizadora. No dizer de Beth Brait:

> A conjunção realizada entre a missão catequética, educativa, civilizatória e a licenciosidade, ingredientes centrais da obra, possibilita a edificação de uma narrativa cuja marca explícita de reflexão sobre si mesma se dá como discurso de humor crítico, irreverente, marcado por um tipo de confluência dialógica que impulsiona o desmascaramento de discursos institucionalizados. Esse retirar das máscaras é encenado em diferentes níveis, tocando aspectos da linguagem e de formas de representação da realidade que tanto têm a ver com o discurso literário quanto com os demais que conformam uma cultura. (1996, p.191)

68 SANDRA A. FERREIRA

Atirando o leitor num campo de areia movediça, o narrador adota a oposição satírica entre imagens e miragens, para acrescentar dúvida às certezas, assumindo em seu discurso ficcional uma visão de mundo crítica em relação à sociedade paulistana. Tal visão é construída em duas camadas. Uma, aparentemente elogiosa, cria a miragem irônica de uma prostituta cujo bordel se converte em centro civilizador; outra, escondida na primeira, guarda a imagem satírica de uma sociedade hipócrita, camufladora dos dados ambivalentes relativos à coexistência de feições opostas no interior de sua realidade.

Sem se transformar em libelo difamatório, antes adotando o crivo crítico do riso e da ironia, a sátira realizada pelo narrador situa-o numa posição mais discreta e mais efetiva do que a de um simples denunciador de vícios e hipocrisias, porque, denunciando, matiza a denúncia com tal requinte e elegância que evidencia a natureza simultaneamente moral e estética de um satirista que observa os absurdos de uma sociedade com interesse e ceticismo:

> (...) E se alguns foliões de todo o ano esperam o Carnaval para fingir de moralistas, o desastre não chega a ser enorme, porque os moralistas no mesmo ponto lhes dão o troco disfarçando-se em foliões.
>
> Tudo se compensa; e é cousa dificílima aumentar de um grão que seja o total de loucura ou juízo que há no mundo. Donde se conclui que todo apostolado é inútil e todo escândalo inocente; isto, de um ponto de vista transcendental, inacessivelmente superior ao alcance rasteiro de apóstolos carnavalescos. A própria Moral é um tanto obscurantista: como os albinos, vê melhor na sombra. Se a luz da razão for muito viva, tapa os olhos com as mãos, deslumbra-se - catacega, cambaleante, como uma bêbada. (Tácito, 1992, p.136)

Desfazendo os limites precisos entre moralistas e foliões, ao sugerir que a tônica de tais comportamentos é menos a convicção e mais a ocasião, o narrador satiriza não a moral, mas o uso ambíguo que dela se faz, já que não é a moral que "vê melhor na sombra", mas, devido à hipocrisia que proclama princípios em público e desmente-os na privacidade, é mais bem vista sem as luzes dos palcos sociais, que iluminam a conveniente aparência e toldam a incômoda essência, diluidora dessa aparência. O narrador carnavaliza a moral, transubstancia-a satiricamente para revelar os desvios operados em sua dimensão reguladora.

Tornando o Carnaval mais que um evento, na verdade um signo da sociedade paulistana, o narrador confere-lhe o estatuto de representar a fluidez das convenções, já que efetua a conjunção entre domínios e elementos situados em posições descontínuas. A óptica carnavalesca assumida pelo narrador revela, conforme Beth Brait, a captação por parte de José Maria de Toledo Malta de um aspecto narrativo cuja fertilidade estava ainda por ser estabelecida, visto que a obra de Toledo Malta foi composta em 1919 e Bakhtin só traria à luz seu rigoroso estudo (*A cultura popular na Idade Média e no Renascimento*) sobre a carnavalização na obra de Rabelais bem mais tarde, sendo possível, dessa perspectiva,

> (...) dimensionar a perspicácia com que o criador de Pommery soube utilizar seus conhecimentos para carnavalizar a sisuda metrópole paulistana e o tradicionalismo literário que ainda imperava naquele momento. (Brait, 1991, p.60)

A variedade e a riqueza do fazer satírico em *Madame Pommery* nascem da densa mistura de elementos díspares, de uma vibrante recusa à unidade dos gêneros consagrados pela tradição. Destarte, o narrador, por assumir-se autor e ter seu nome inscrito na capa, torna-se o pivô da cosmovisão lúdica que orienta a narrativa, respondendo, com seu perfil tácito, pelo diálogo com a mais alta tradição ocidental, e, com seu perfil hilário, pela relativização dessa tradição. Tal relativização se impõe pela aceitação afe-

70   SANDRA A. FERREIRA

tiva e pela negação objetiva, traduzida uma no amor aos clássicos e outra na consciência do desgaste e da necessidade de renovação, que, nas mãos de Toledo Malta, precursor das investidas modernistas, assumiu o contorno de anti-romance:

> ... Eu já li o *Decameron.* - Que haverá, por aí, que eu já não tenha lido? – Li também as *Novelas da Rainha de Navarra.* Li os contos de La Fontaine. Estava, pois, nas minhas mãos explicar a fuga dos amantes por um dos mil expedientes costumados, sabidos e estafados. Podia dizer que Consuelo tramara, com as madeixas dos seus cabelos, a trança com a qual içasse a escada ao domador. Podia dizer que Pomerikowski, disfarçado em frade capucho, se introduzira dissimuladamente no convento. Podia dizer outras cousas. Se não digo nada é porque nada sei, e porque este livro não é novela, nem conto, mas história verdadeira. (Tácito, 1992, p. 51-2)

Com procedimentos metanarrativos tais, que lançam o véu da sátira sobre a ominisciência titânica dos narradores e instituem a visão parcial e limitada de Hilário Tácito, o narrador vai descaracterizando os modos convencionais com que se apresentam as narrativas e apontando, satiricamente, para sua exaustão. Dessa insatisfação com as proposições narrativas habituais nasce uma ficção que, consciente do beco em que se move, não se quer ficção e, paradoxalmente, a tudo ficcionaliza. O título da obra remete à ficção, e das mais respeitáveis, pois é praticamente impossível não associá-lo ao da inesquecível obra de Flaubert; o diálogo com os nomes ligados à literatura é contínuo; o nome do autor já é uma ficção, pois Hilário Tácito revela-se uma *persona* satírica.

Em *"Persona* e sujeito ficcional", Luiz Costa Lima observa que tanto a ficção quanto a memória remetem a um agente que, na maioria dos casos, a elas empresta o seu nome de batismo. Interrogando-se sobre o que significa apor um nome a um texto, Lima faz ver que:

A tantas vezes repetida identidade do autor é uma fábula do registro civil. Ela parte do suposto de que o produtor de obras é uma fonte pela qual jorra a mesma água. Pode-se até admitir que, como diz o famoso fragmento, "para os que entram nos mesmos rios, afluem sempre outras águas". Mas ao senso comum parece inaceitável que, rolando pelo mesmo rio e advindo da mesma origem, a água sempre outra não seja sempre a mesma água. (1991, p.115)

Em *Madame Pommery*, tal questão se apresenta matizada por complicadores consideráveis, pois o nome do autor não encontra registro em cartório algum e a memória, negando-o, é intencionalmente fictícia. Esses complicadores são o suporte de uma consciência aguda das múltiplas possibilidades abertas pelo ato de narrar, consciência essa responsável pelo movimento seminal da constituição de Hilário Tácito, pois não se trata apenas de um pseudônimo que resgata o antigo gosto dos literatos sarcásticos pela alcunha. Para Sylvia Telarolli, Hilário Tácito:

> É uma persona com vida e vontade própria, um narrador-personagem que expõe os fatos e indiretamente participa da ação da trama. A função assumida é a mesma desempenhada pelas personas satíricas de um modo geral: a quase didática apresentação e denúncia de fato do tempo; a crítica desmistificadora e persuasiva; a correção de hábitos e costumes. (1996, p.183)

Por meio da denúncia das ridicularias e pedanterias dos costumes paulistanos, transpassada pela reflexão sobre seu instrumento básico, a narrativa, a *persona* Hilário Tácito dá-se a conhecer, na medida em que se apresenta como cronista gabaritado de Madame e, ironicamente, assume e louva o ponto de vista de Pommery. Essa assunção e esse louvor fornecem a chave de leitura para a compreensão das inversões satíricas empreendidas pela *persona*, que:

(...) é amoral: não condena, não julga, não expõe preceitos, não desenvolve normas... que não sejam para valorizar a envergadura e os feitos da protagonista. E é obviamente um elogio às avessas, porque, fazendo a exaltação de Madame Pommery, desenvolve-se a crônica satírica dos costumes paulistas nas duas primeiras décadas do século XX, de um modo altamente revelador: apresentam-se os vícios de dentro para fora, pois o ponto de vista incorporado pela persona é aparentemente o do universo criticado (...), é o da dimensão "negativa", estabelecendo o desvio como norma e implicitamente a norma como desvio. O que deveria ser exceção é assumido como padrão, porque essa história registra o lado negado da história de muitos vencedores. Mas, por outro lado, esta também é uma pseudo-história que conta estórias verídicas da República do Café. (id., ibid., p.185)

A preferência da *persona* pelas vias oblíquas está gravada em cada fímbria da obra e se revela sobremaneira em seu anteriormente comentado gosto pela digressão a propósito de qualquer pormenor diegético. As digressões do narrador tratam de variadas matérias (literárias, filosóficas, religiosas, sociológicas) de modo aparentemente sério e, pretendendo mostrar-se carregadas de doutrina e erudição, revelam-se ao cabo como uma mescla de ironia, destreza mental e jogo persuasivo com o leitor. Longe de representarem excrecência, por interromper o fluir da história, elas constituem, como o próprio narrador faz saber, um elemento fundamental da estrutura da obra, podendo-se admitir a hipótese de a diegese funcionar praticamente como um pretexto para a digressão. Essa hipótese, certamente, faz de Hilário Tácito um parceiro de Tristam Shandy, narrador-personagem de um exemplo consumado de romance – A *vida e as opiniões de Tristam Shandy*, de Laurence Sterne – em que as digressões desempenham função primordial.

Hilário Tácito, portanto, revela-se uma *persona* satírica seduzida pelo canto de sereia da literatura, porém desconfiadíssima. Mostra-se um narrador intencionalmente labiríntico, opção de quem não quer chegar à meta facilmente, porque entendeu que os caminhos consagrados conduziam a um beco, repleto de alumbramento, mas beco. Por essa razão, sua sátira à empertigada sociedade paulistana, que o levou a tomar o bordel como espaço civilizador, revela-se, sobretudo, sátira à biblioteca e às construções literárias convencionais, denunciadora de que o grande romance precisava revitalizar-se pela abertura de veredas narrativas.

3
O BORDEL NA BIBLIOTECA

Caros leitores, que este livro vedes,
Libertai-vos de toda prevenção;
E não vos melindreis, ó vós que o ledes,
Que nenhum mal contém, nem perversão.
É verdade que pouca perfeição,
Salvo no riso, aqui podeis obter.
Outra coisa não posso oferecer,
Ao ver as aflições que nos consomem:
Antes risos que prantos descrever,
Sendo certo que rir é próprio do homem.
Vivei alegres.

François Rabelais, Aos leitores.
In: *Gargantua*

Em ensaio intitulado *"Para una teoría de la humorísti-ca"*, Macedonio Fernández pondera que os acontecimentos, nos domínios do humor, não propõem a crença no ocorrido, mas almejam criar uma expectativa que leve à crença no absurdo, de modo que ao humorista se possam atribuir dois importantes créditos: a capacidade de jogar e a capacidade de produzir um caos momentâneo no outro (cf. 1974, p.261). Desse modo, Fernández crê que o fundamental para o humor é a invenção de um absurdo, que é uma engenhosidade, e o fazer crer, que é vontade de jogo. A provocação para o jogo, a tendência ao disfarce, o cultivo do embuste estão nas raízes do humor, tanto daquele que leva ao riso solto quanto do que torna o riso tenso. As variantes do riso não conhecem limites e os móveis que o determinam, igualmente. É consabido, entretanto, que as funções do riso são vitais e humanizadoras. Disse Baudelaire que o Ser que quis multiplicar sua imagem não colocou na boca do homem os dentes do leão e o homem, todavia, morde ferozmente, com o riso (cf. 1991, p.29). O riso, revelando a queda e sendo por ela engendrado, torna-se meio de redenção.

O riso, o cômico, o humor, a ironia, a invectiva participam do campo associativo da sátira. Nesses tópicos, que ora se tocam, ora se distanciam, funda-se o vasto campo da sátira. Os oito capítulos de *Madame Pommery* são pródigos no oferecimento de situações ou questões desveladoras do ridículo, do cômico, da boa farsa em que consistem algumas fortes tendências intelectuais ou comportamentos sociais, surpreendidos por um narrador perspicaz e deliciosamente dúbio:

> Ao ver, com efeito, as louçanias vernáculas destes períodos em português de lei, com pronomes policiados, que idéia fará o leitor da minha figura e dos meus hábitos? – Imaginará, provavelmente, algum cediço pedagogo com os óculos clássicos e a sobrecasaca seiscentista, atreito a vigílias gramaticais e a reumatismos, com muito Frei Luís de Sousa, muito Padre Vieira, e rancor a galicismos: o resultado de se escrever em português!...
>
> Pois a verdade, meus senhores, é esta, embora ninguém me creia: – eu também freqüento o Bar do Municipal, e bebo, à noite entre luzes e sorrisos, aquele champanha fatal de 30 milréis a garrafa, instituição imorredoura de Madame Pommery.

ENTRE A BIBLIOTECA E O BORDEL   **77**

Visto os paletós cinturados do risco do Vicente e no meu lenço de fina irlanda, pendente no bolsinho, muita vez se adivinha, com evocação de luxúrias vertiginosas, o Ambre Antique denunciador de pecados belos e recentes. E sou tal, em suma, que Madame Pommery não achará razões maiores para se envergonhar de seu cronista. (Tácito, 1992, p.34-5)

Conquanto longa, a citação é exemplar para sondar as disposições que animam o narrador. É preciso lembrar, antes, que esse narrador, também personagem, representa uma instância autonomizada responsável intratextualmente pelo discurso narrativo. Seu estatuto, ampliado pela adoção do pseudônimo, que o erigiu autor, revela-o personalizado, endereçando seu discurso a uma segunda pessoa ("o leitor", "meus senhores"), respondendo-lhe possíveis objeções, a fim de sublinhar a velha oposição existente no binômio aparência/essência.

A aparência, construída pela suposição atribuída ao leitor no primeiro parágrafo citado, caracteriza-se pelo transvazamento da fantasia intelectual questionadora do rigor esterilizante, ironicamente metaforizado em "óculos clássicos" e "sobrecasaca seiscentista". À aparência de um árido rigor opõe-se, como essência, o pendor bem-humorado para as instâncias mundanas, elencando-se argumentos, todos ligados à aparência, que farão Madame Pommery orgulhar-se de seu cronista. Fica evidente, por meio de tal oposição, o torneio satírico que orienta a narrativa, já que a aparência, questionada no que tange à esterilização, será sancionada no que diz respeito ao rigor, uma vez que o texto permanecerá regido por acurada normatividade gramatical, enquanto a pretendida essência, inserção do narrador no circuito noturno, mostrar-se-á retificada por um olhar que, pretextando comungar, antes observa e expõe os ridículos.

Aparência e essência estão satiricamente misturadas, de modo que o narrador possa, da biblioteca, contemplar o bordel e, do bordel, revisar a biblioteca. Tem-se, assim, uma chave para a leitura de um romance obliquamente narrado, com vistas a embaralhar valores, comportamentos, julgamentos, tendências estéticas etc. Ao tornar cômico o que é sério e sério o que é cômico, o narrador institui um *ethos* satírico desvelador do choque perpétuo entre alto e baixo num mundo regido pelo valor de troca, do qual a expansiva São Paulo de inícios do século surge como eixo metonímico.

No prefácio de *A sátira e o engenho*, de João Adolfo Hansen, Leon Kossovitch declara que a sátira "como fantasia do misto é engenhosa e aguda. Por estas, conquanto baixa, eleva-se e, inclusiva, opera simultaneamente com vários gêneros, alto e baixo, trágico e cômico etc.: mistos são os satirizados e a própria sátira" (1989, p.8). O caráter de mistura e saturação, contido etimologicamente no vocábulo sátira, sugere quão abrangente é seu espectro, podendo-se vislumbrar a sátira como resultante de um momento saturado de realidade exposto por uma inteligência criadora capaz de provocar reações de satisfação ou inquietação no espírito de seus receptores.

Os meios utilizados para a exposição são variáveis e envolvem, necessariamente, o humor. Uma das formas de humor pode ser o riso carnavalesco, capaz de tornar o mundo inteiro cômico e revelar o completo relativismo do mundo. Trata-se, conforme Bakhtin, de um riso ambivalente: "alegre e cheio de alvoroço, mas ao mesmo tempo burlador e sarcástico, nega e afirma, amortalha e ressuscita simultaneamente" (1987, p.10). O riso carnavalesco é freqüentemente empregado por Hilário Tácito:

> As biografias de pessoas célebres terminam geralmente pela morte do personagem. Nisto, como em tantas outras coisas, a história de Mme. Pommery se desvia da rotina acostumada, porque não pára em morte, mas em vida, e em vida nova, e mais gloriosa.

ENTRE A BIBLIOTECA E O BORDEL **79**

Não me lembra se eu já disse que não sou espírita. Digo-o agora, para se entender que essa vida nova, de que falo, nada tem que ver com a existência espiritual, ultraterrena, dos desencarnados, porque é vida em carne e osso, e neste mundo sem espírito. Mas, se Mme. Pommery não morreu, em compensação ressuscitou, o que é muito melhor para o desenlace desta história que, em vez de um necrológio, poderá acabar numa apoteose. (Tácito, 1992, p.159)

O princípio semântico constituidor do primeiro parágrafo é a oposição entre vida e morte, sendo atribuído ao segundo termo do par opositivo o caráter de comum às biografias célebres. Embutido nessa oposição vai um dedo do narrador a apontar para si mesmo, exigindo atenção para as especificidades de sua obra, que acaba em vida da personagem. Estabelecendo uma correlação entre "vida em carne e osso" e "mundo sem espírito", o narrador chama atenção para os aspectos baixos, degradados, enredados pela trajetória de Madame Pommery, para, em seguida, instituir a inferioridade de "necrológio" (campo semântico de morte) em face da "apoteose" (campo semântico tanto de ressurreição quanto de vida).

O paradoxo satírico "se Mme. Pommery não morreu, em compensação ressuscitou" sumaria o encerramento da carreira da prostituta e o início de seu convívio, como senhora respeitável, na alta sociedade. Para dimensionar o caráter excessivamente flexível, volúvel, seja de Madame, seja da sociedade, o narrador emprega um campo semântico religioso opositivo (vida/morte, carne e osso/espírito, necrológio/apoteose) e paradoxal (não morreu / ressuscitou), carnavalizando a relação entre os termos. Com isso, louva, mas condena; elogia, mas censura. O riso que parece, retomando-se as palavras de Bakhtin, "alegre e cheio de alvoroço" é também "burlador e sarcástico", porque, utilizando conceitos elevados, ligados à espiritualidade, precipita-se para o baixo, para as falcatruas engendradas pela dona do *Paradis.*

Ao admitir satiricamente a "apoteose" como final mais adequado a sua história, o narrador faz entrever o que há de ficção em lugar de biografia e, sobretudo, o que há de encenação e máscara no grande teatro da sociedade de então e de sempre. Assim somadas pelo riso carnavalesco, a biografia e a celebridade de Madame Pommery são iguais à ficção satírica, em que se inscreve nitidamente a ironia.

A principal distinção entre ironia e sátira, conforme Northrop Frye, resulta do fato de a sátira ser a ironia militante, cujas normas morais são relativamente claras e cujos critérios dão a medida do grotesco e do absurdo. Sendo assim, havendo invectiva abrupta ou xingamento, tem-se sátira em que há pouca ironia; por outro lado, se o leitor não estiver certo de qual seja a atitude do autor, ou mesmo a sua, tem-se ironia com pouca sátira (cf. 1973, p.219).

Para Frye, a sátira é ironia estruturalmente próxima ao cômico: "a luta cômica de duas sociedades, uma normal e outra absurda, reflete-se em seu duplo foco de moralidade" (id., ibid., p.220). Se a sátira, ainda, costuma supor, segundo Frye, a idéia de exclusão, implicando alguém que, de fora, aponta os erros da sociedade, em Hilário Tácito, como em Swift, transparece uma irônica afinidade afetiva com a sociedade de que trata, sendo essa nota afetiva a responsável pelo humor que anima as páginas do autor de *Madame Pommery*, obra satírica cujo discurso aponta para a ironia de um narrador empenhado em desvelar o caráter experimental de sua obra, conduzida por uma linguagem sibilina, que chama atenção sobre si mesma, a fim de evidenciar a configuração risível das criaturas que vão sendo mostradas e, simultaneamente, promover uma reavaliação dos modos de narrar, inserta na obra sob a forma de digressões metacríticas sobre a composição da narrativa.

A face camaleônica da sátira

Sendo uma modalidade ampla e fugidia, a sátira mostra-se agudamente consciente, como observa Arthur Pollard, da diferença entre o que as coisas são e o que elas deveriam ser (cf. 1980, p.3). Para que o satirista tenha sucesso, deverá ser capaz de persuadir seus leitores da validade de seus propósitos, alcançando uma posição mais discreta e mais efetiva que a de um exacerbado denunciador de vícios. Desse modo, conforme Pollard, será capaz de explorar mais detalhadamente as diferenças entre aparência e realidade e, sobretudo, de expor a hipocrisia.

A diversidade e a maleabilidade formais da sátira parecem estar a serviço da explicitação das fraquezas e loucuras da humanidade. Para tanto, pode a sátira oscilar entre a leviandade e a seriedade, entre o trivial e o didático, percorrendo desde os extremos da crueza até o refinamento máximo. Camaleônica, assume as várias tonalidades apresentadas pelo espectro satírico, como o "mundo às avessas", a paródia, a inversão, o dialogismo, a ironia, dentre outros. Destacaram-se esses recursos por serem eles fundamentais à tessitura de *Madame Pommery*. Por essa razão, na seqüência, apresentam-se a definição dos mesmos e a análise dos efeitos satíricos produzidos por sua utilização na obra em estudo.

Um recurso assaz utilizado pela sátira é o *topos* do mundo às avessas, decorrente do tempo do Carnaval, paralelo ao oficial. Nesse mundo, as leis e proibições são suspensas em favor da desordem e dos contrastes. Alguns estudiosos consideram o tópico do "mundo às avessas" como basicamente resultante do descontentamento com o presente insatisfatório. Outros o entendem como crítica acerba de uma desordem social, de uma corrupção de costumes, de um estado lamentável de coisas, que provoca a indignação do escritor, servindo de veículo enfático à sátira violenta.

82 SANDRA A. FERREIRA

Essa concepção é igualmente defendida por Northrop Frye, para quem o grande objetivo de sátira é o mundo de pernas para o ar:

(...) se perseverarmos com o "mythos" da ironia e da sátira, ultrapassaremos um ponto morto e finalmente veremos o cavalheiresco Príncipe da Dinamarca de pernas para o ar. (1973, p.235)

Outro recurso de que se vale comumente a sátira é a paródia, termo advindo do grego *paroidía*, que significa canto ao lado de outro. Embora esse termo tenha se institucionalizado a partir do século XVII, a paródia tem raízes bem mais remotas.

Já em Aristóteles aparece um comentário a respeito dessa palavra. Na *Poética*, o filósofo grego atribui a origem da paródia, como arte, a Hegemon de Thaso (século V a.C.), por ter usado o estilo épico para representar os homens como inferiores ao que são na vida diária, promovendo uma inversão, visto que a epopéia, cujo fim era apresentar os heróis no mesmo patamar dos deuses, sofria uma visível degradação.

A origem da palavra traz em si a idéia do burlesco, da zombaria. Para Bakhtin, a paródia é ambivalente, na medida em que cria também o "mundo às avessas", estando, por isso, ligada à cosmovisão carnavalesca. Ao comparar o discurso da paródia com o da estilização, o autor encontra um traço comum a essas duas formas: a dupla orientação da palavra por meio de relações dialógicas.

O primeiro livro de Bakhtin, *A Poética de Dostoievski*, propõe a base estética da obra dialógica, resultante da multiplicidade de vozes e consciências verificada nos romances de Dostoievski.

A multiplicidade de vozes, ou as relações dialógicas, resulta da existência de posições de diferentes sujeitos expressas na linguagem. As possibilidades do estabelecimen-

ENTRE A BIBLIOTECA E O BORDEL 83

to de tais relações se dão com qualquer parte do enunciado – inclusive com uma palavra isolada -, com os estilos de linguagem, com os dialetos e, finalmente, com a sua própria enunciação como um todo (cf. Bakhtin, 1981, p.160).

Enquanto a estilização produz um "discurso bivocal de orientação única", uma vez que se vale do estilo do outro no sentido das intenções do mesmo, a paródia cria um "discurso bivocal de orientação vária", utilizando-se do estilo do outro para revesti-lo de orientação diametralmente oposta à original. Embora na estilização ocorram duas vozes, estas não entram em choque, não tornam o discurso tenso:

> A estilização utiliza o estilo do outro no sentido das próprias tarefas do autor. O que ela faz é apenas tornar essas tarefas convencionais. (...) Após penetrar na palavra do outro e nela se instalar, a idéia do autor não entra em choque com a idéia do outro, mas a acompanha no sentido que esta assume, fazendo apenas este sentido tornar-se convencional. (Bakhtin, 1981, p.168)

Na paródia, ao contrário, o autor vale-se da linguagem do outro para entrar em conflito com ela:

> O discurso se converte em palco de luta de duas vozes. Por isto é impossível a fusão das vozes na paródia, como o é possível na estilização (...). Aqui (na paródia) as vozes não são apenas isoladas, separadas pela distância, mas estão em oposição hostil. (id., ibid., p.168)

A paródia, para Linda Hutcheon, é uma das formas mais importantes da moderna auto-reflexividade, porque é uma forma de discurso interartístico, que assinala a intersecção da criação e da recriação, da invenção e da crítica. Hutcheon, como Bakhtin, considera a paródia uma forma de repetição com distância crítica, que marca a diferença em lugar da semelhança, e tem como característica essencial a inversão irônica.

84   SANDRA A. FERREIRA

O "mundo às avessas" e a paródia dão sustentação ao diálogo entre o doutor Mangancha e o doutor Narciso acerca das propriedades benéficas do álcool defendidas pelo primeiro, em acuradíssima manobra satírica:

NARCISO

(...) Mas... e as perturbações nervosas dos bebedores, a epilepsia nos degenerados alcoólicos?...

MANGANCHA

Você está enumerando os inadaptáveis. Note que ao lado de alguns chopistas infelizes, que nos impressionam, justamente pela miséria do seu estado, vivem inúmeros bebedores dos mais valentes nos quais não atentamos, porque o seu aspecto é vigoroso, alegre, sadio, e enfim são belos animais que não precisam de nós, nem de nossa compaixão. Estes formam a legião incomparavelmente mais forte dos adaptados. Entre os dois extremos colocam-se os refratários, muito raros, e os numerosos adaptáveis em via de adaptação.

Com isto, declaro-me francamente lamarckista, com Haeckel e com Spencer, e sustento a transmissão hereditária dos caracteres adquiridos. Os indivíduos adaptados ao regímen alcoólico legam, portanto, à descendência, um intestino mais curto e menos infectado, juntamente com uma disposição e conformidade para esse alimento energético sem igual.

Desse modo, e sem sentir, a humanidade vai melhorando graças a Noé, Dionísio e Baco, em vez de degenerar. Ninguém sabe até onde irá esse progresso. Eu imagino que, com mais dois ou três mil anos, os homens hão de comer apenas o indispensável para compensar as perdas materiais do corpo; tudo que for energia, mental ou física, só buscarão no álcool, sob forma de licores tão deliciosos, que diante deles o nosso melhor Borgonha não passará de água chilra zurrapada.

As Sociedades Eugênicas deviam meditar sobre estas cousas. Porque o homem do futuro será um motor a força alcoólica! (id., ibid., p.112)

Apresentando uma tese reveladoramente intitulada "Do alcoolismo, adaptação e seleção na espécie humana", o doutor Mangancha coloca o discurso científico de pernas para o ar, pois se vale do jargão desse para gerar conclusões diametralmente opostas às postuladas para o álcool pelos cientistas, em quem o narrador satiricamente apóia a fala da personagem. Assim, pela via irônica da desmoralização da pretensa solidez cientificista, o narrador vale-se da paródia cômica e do riso carnavalesco para desestabilizar um discurso de autoridade, virando-o pelo avesso.

A inversão também é uma figura bastante eficaz à sátira e assenta-se no eixo simetria-inesperado. Freqüentemente aliada ao ilogismo, relaciona-se com o paralelismo por contraste e com a ambigüidade.

Na narrativa, a inversão pode ocorrer no âmbito das situações, das ações, das personagens, do tempo e do espaço. Segundo Léfèbre, a inversão das "situações" manifesta-se na estrutura de narrativa, podendo determinar uma reviravolta nas situações inicial e final da narrativa.

No que diz respeito às ações e às personagens, a inversão associa-se às figuras da "máscara" e do "quiproquo". Por máscara, Léfèbre entende a simples burla da identidade ou a qualidade de uma personagem. O quiproquo remete a um equívoco tanto sobre a identidade das personagens quanto sobre as ações delas (cf. 1980, p.238). Hilário Tácito construiu sua obra tendo como viga central a inversão, já que torna uma personagem degradada alvo de um tratamento nobilíssimo, com vistas a satirizar um universo social desarticulado, cujas mazelas são expostas, por meio do elogio irônico, para configurar o caráter grotesco e libidinoso daquele universo. Além da inversão ampla que caracteriza Madame Pommery, há várias seqüências em que o mesmo recurso é eficazmente empregado.

Considere-se o fragmento:

Teve imensa fortuna a poesia francesa. Achou cedo o seu Malherbe. E um Malherbe é remédio necessário e indispensável contra essas desordens dos primeiros tempos. A prosa brasileira também teve seu Malherbe. Mas foi preciso que esperasse. E esperou – esperou séculos – até Machado de Assis. Custou, mas veio.

Pois, de igual fortuna, ou desfortúnio, padeceu a nossa boemia libertina. Aí jazia no atraso, na ignorância, na balbúrdia, como nos tempos coloniais. Para surgir, para crescer, para brilhar, só estava à espera de um Malherbe. Esperava, esperava...

Mas, eis que um dia – finalmente – Madame Pommery apareceu!!

"Enfin Malherbe vint". (Tácito, 1992, p.72)

Tomando dois nomes inquestionáveis da literatura francesa e da brasileira, Malherbe e Machado, o narrador discorre sobre a existência de marcos definidores de um padrão de excelência nas histórias literárias, advindos após períodos primários e convertidos em referência daí em diante. Utiliza o parâmetro das belas letras, entretanto, para dimensionar a importância do aparecimento de Madame Pommery no mundo da prostituição, compondo uma analogia satírica em que predomina não a semelhança, mas o contraste. Instituindo o plural, gera uma espécie de turbulência entre termos desiguais, justapostos numa inesperada conciliação, geradora de humor satírico.

O humor que rege o fragmento em análise, fundado no paralelismo por contraste, é acentuado pelo tom informal assumido, atestado na reiteração hiperbólica ("foi preciso que esperasse. E esperou – esperou séculos"; "esperava, esperava"), na inflamada gradação ascendente dos sintagmas preposicionais ("no atraso, na ignorância, na balbúrdia) e oracionais ("para surgir, para crescer, para brilhar"). É em semelhantes misturas de procedimentos que se assenta boa parte da percepção humorística e do fazer satírico de Hilário Tácito, a exemplo ainda do que ocorre em:

Não digo que o comércio libertino seja novidade nestas terras.

Não. – Cinqüenta anos, apenas, depois do descobrimento, já o Padre Manuel da Nóbrega escrevia a D. João III que mandasse para cá mulheres, ainda que fossem erradas. Vieram muitas, e erradíssimas. Casaram-se com a gente principal, e corrigiram-se. (id., ibid., p.71)

O gosto pelo dúbio se impõe no aproveitamento do argumento de autoridade, selecionado para comprovar a longevidade da prostituição em terras brasileiras, visto que tal aproveitamento gera uma inversão: o que no entender de Nóbrega era concessão ("*ainda que* fossem erradas" – grifo nosso), nas mãos do narrador, converte-se em superlativo absoluto, em relação ao qual se opõe, ainda, um contundente antônimo ("vieram muitas, e *erradíssimas*. Casaramse com a gente principal e *corrigiram-se*" – grifo nosso). Ao cabo, o narrador submete as famílias quatrocentonas ao crivo de sua pena satírica, nutrida na percepção do inconveniente, do contraste.

Concerto de vozes

Um dos elaborados movimentos satíricos que regem a confecção de *Madame Pommery* pode ser verificado no capítulo VII, cujo subtítulo é "Do grandioso aumento em breve granjeado por Madame Pommery na cidade de São Paulo e da notável influência política e social que sobre a mesma exerceu", a exemplo do que ocorre no fragmento digressivo que vai da página 140 ("São três somente os dias do ano [...]) à página 145 ("Assuntos graves, como este, requerem profunda e aturada meditação [...]).

O dialogismo satírico-paródístico é o procedimento articulador do referido fragmento, visto que esse, parecendo empreender a defesa apaixonada de um segmento pretensamente marginal da sociedade, as prostitutas, constrói-se como uma resposta polêmica, que contém direcionamento diametralmente oposto a um pronunciamento jornalístico contrário à incursão de prostitutas em domínios familiares.

O narrador dialoga com dois interlocutores. O diálogo com um é direto e harmônico; com outro, indireto e hostil. O primeiro interlocutor é anônimo e partilha as idéias do narrador. O segundo, um jornalista indignado com o comércio entre alta sociedade e prostitutas.

Valendo-se da catilinária dirigida por um jornalista anônimo às prostitutas, o narrador revela inequivocamente o assentimento e o papel ativo desempenhado pela sociedade no comércio sexual, pois a mesma é freqüentadora assídua do espaço da alta prostituição.

O Carnaval, a arte e a deferência dos profetas são os motivos a partir dos quais o narrador pretende abalar algumas convicções da sociedade paulistana, atordoada pelos ares da modernização. Certamente, os motivos apresentados em defesa da prostituição entrechocam-se. Por um lado, o Carnaval, espaço da malandragem e da orgia. Por outro, o discurso bíblico, a hagiologia, que, sendo esses, ao contrário daquele, lugares de regulamento e de contenção, surgem travestidos de liberalidades, fruídas de uma leitura deformante.

Desse modo, para a eficácia da empresa do narrador, concorrem interlocutores díspares: anônimos, poetas, profetas e ilustres personagens do cenário cristão, todos tendo seus discursos criteriosamente recortados de modo a validar as declarações do narrador. O discurso, desse modo, marca-se por orientação vária, sendo que o narrador ora inclui o discurso do outro no sentido de suas próprias intenções, ora fala a linguagem do outro revestindo-a de orientação oposta, com vistas à carnavalização.

Estudando a cultura popular na Idade Média, Bakhtin observa que há múltiplas manifestações dessa cultura, subdivididas em três grandes categorias:

1. Ritos e espetáculos;
2. Obras cômicas verbais (orais e escritas);
3. Formas e gêneros do vocabulário familiar e grosseiro.

É comum a essas três categorias o fato de refletirem um aspecto cômico do mundo.

Os festejos do Carnaval inserem-se na primeira forma de cultura popular. Segundo Bakhtin, os atos e ritos cômicos que compõem esses festejos ocupavam um lugar de grande importância na vida do homem medieval, diferenciando-se completamente das formas de culto e das cerimônias oficiais sérias da Igreja ou do Estado feudal:

> Ofereciam uma visão do mundo do homem e das relações humanas totalmente diferente, deliberadamente não-oficial, exterior à Igreja e ao Estado; pareciam ter construído, ao lado do mundo oficial, um segundo mundo e uma segunda vida aos quais os homens da Idade Média pertenciam em maior ou menor proporção, e nos quais eles viviam em ocasiões determinadas. (Bakhtin, 1987, p.5)

Isso se dá porque o Carnaval propiciava uma espécie de liberação temporária da verdade dominante e do regime vigente; no Carnaval, aboliam-se provisoriamente todas as relações hierárquicas, privilégios, regras e tabus. Todos se tornavam iguais, estabelecendo-se uma forma de contato livre e familiar entre indivíduos que cotidianamente se encontravam separados por exigências de sua condição, fortuna, emprego e idade. A visão carnavalesca do mundo tem, nesse contato livre e familiar vivido intensamente, seu princípio essencial.

Bakhtin postula que a linguagem carnavalesca caracteriza-se, principalmente,

90   SANDRA A. FERREIRA

Pela lógica original das coisas "ao avesso", das permutações constantes do alto e do baixo, da face e do traseiro, e pelas diversas formas de paródias, travestis, degradações, profanações, coroamentos e destronamentos bufões. (id., ibid., p.10)

Por ser uma forma de espetáculo ritual que não discrimina seus participantes, nem reprime desejos e ansiedades, o Carnaval promove não a representação, mas a vivência, convertendo-se em um período que é marcado pela inversão, que constitui traço fundamental à cosmovisão carnavalesca e, por extensão, à sátira.

O Carnaval é, por excelência, o lugar da anulação das diferenças, da subversão dos valores, da troca de papéis, enfim, da liberação plena. Sendo assim, torna-se espaço propício à conjugação dos diversos segmentos sociais.

Tomando como ponto de partida a relação entre os "corações puros" e os "corações maculados" estabelecida durante o Carnaval, o narrador inicia a sátira à repulsa ao mundo da prostituição atestada pelos defensores da moral e dos bons costumes. Ao apresentar o Carnaval como o momento de tolerância quanto à aproximação entre a sociedade bem-educada e a mulher prostituta, revela o que anda de farsa na incriminação perpetrada contra essa aproximação, da qual o narrador fará uma defesa satírica.

O narrador, ao comentar a propriedade destronadora das diferenças própria ao Carnaval, procura resguardar seu ponto de vista sobre a prostituição e atacar polemicamente a afirmação contrária do outro sobre o mesmo assunto, tanto que, somente após celebrar veementemente o desmascaramento das convenções sociais promovido pelo Carnaval, revela o discurso com o qual debate veladamente:

E dizer que os catões da Botocúncia conclamaram vituperiosamente contra a corrupção da nossa sociedade... desta nobre sociedade paulistana, cuja desenvoltura paradisíaca era merecedora dos mais justos encômios. (Tácito, 1992, p.141)

Os "catões da Botocúndia" podem ser reconhecidos como jornalistas, policiais e médicos sanitaristas. De acordo com Margareth Rago, já na primeira década do século, o crescimento da prostituição tornou-se um problema público ("lado negativo do progresso"). Com o intuito de bani-lo, ou, pelo menos, controlá-lo, erguia-se a voz da imprensa, promovendo sucessivas campanhas para exigir medidas eficazes de vigilância ao submundo. A isso somavam-se, contra as prostitutas, as freqüentes investidas policiais, cujo fundamento eram os tratados médicos e suas propostas para gerir a sexualidade insubmissa. Apenas as mulheres de condição humilde, todavia, eram perseguidas pelas autoridades públicas, uma vez que a prostituição de luxo contava com o respaldo de homens abastados e influentes (cf. Rago, 1991, p.129).

Se esse parece ser o ânimo cotidiano quanto à prostituição, durante o Carnaval modifica-se. Trocam-se as máscaras. A hostilidade torna-se congraçamento. Na verdade, o mascaramento carnavalesco é desmascaramento. Se incomoda os "policiais dos costumes", é porque promove subversão às claras. Habilmente, o narrador sugere que as subversões carnavalescas, incriminadas no dia-a-dia, são continuamente exercidas, porém, às ocultas. Para sugerir tanto, valeu-se de um sintagma nominal: "desenvoltura paradisíaca". O determinante "paradisíaca" remete ao bordel de Madame Pommery, *"Au Paradis Retrouvé"*, freqüentado pela fina sociedade paulistana, enquanto o determinado, "desenvoltura", sugere a familiaridade e a apreciação experimentada pela sociedade – à qual se pretende defender da corrupção – junto a seus agentes corruptores.

Desse modo, através da polêmica velada empreendida pelo narrador, o discurso do outro, dos "catões da Botocúndia", ganha contornos de insensatez, pois pretende a condenação de um expediente aprovado com louvor por aqueles a quem visa a poupar vicissitudes, ainda que os mesmos as entendam como virtudes modernizantes. Mostrar como essas virtudes modernizantes são exercidas pela prostituta constitui o próximo passo do narrador.

Inicialmente, o narrador propõe-se a definir a mulher como "obra de arte natural". Seu interlocutor, entretanto, restringe-lhe a extensão significativa de "natural", ressaltando o traço de beleza elaborada, construída, artificial:

> Em verdade, o que primeiro resplandeceu naquelas cheganças carnavalescas foi uma prova de bom gosto. Se não, dizei-me:
> – A mulher é ou não é uma obra de arte natural?
> – É obra de arte que se manifesta não só pela beleza física pura e simples, mas sobretudo pelo gesto, pelo vestuário, pelo donaire e pela graça. (Tácito, 1992, p.141)

Trata-se de uma reorientação discursiva que descreve a mulher como ser decorativo, um quadro vivo a ser apreciado, não pelos dotes físicos, que, embora importantes, se submetem a uma ordem mais imperiosa, porque calculada: a moda.

A moda é concebida como instância geradora da beleza feminina, acentuando-se como tal no caso específico das mundanas, a quem o narrador concede o mérito de aperfeiçoar as artimanhas dos tecidos postos a serviço da sedução. Desse modo, a prostituta assoma como fina conhecedora da moda, a quem as senhoras da sociedade devem tomar por mestra, se quiserem requintar a aparência. Com essa inversão de papéis – a prostituta dita às senhoras as regras do bem vestir –, o narrador estrutura o discurso como defesa da prostituição e cultivo do bom-tom.

O próximo argumento a favor da prostituição refere-se à notória fluência artística dos ambientes abertos à profissão da cortesã. Entretanto, o argumento apresentado traz em si uma contradição reveladora: a "tolerância". Em que medida é possível reconhecer como dignificador um assentimento que passa pela tolerância? A tolerância não dignifica o que tolera, mas dignifica-se a si própria, mostrando-se indulgente para com um modo de pensar ou agir que é, pelo menos, parcialmente contrário ao seu. Percebe-se, assim, o grau de ambivalência do assunto que move o narrador. A noção de inconveniência da prostituta é tão assentada que ganha voz até no discurso demonstrador da conveniência da mesma, produzindo-se, assim, um efeito dialógico, que será corporificado no parágrafo seguinte, em que o narrador interroga retoricamente seu interlocutor/leitor acerca da impropriedade cometida por um jornal ao repudiar o convívio entre prostitutas e sociedade.

Sob a forma de discurso indireto livre, o discurso do jornal ressoa no enunciado do narrador, estabelecendo-se entre os dois discursos uma relação polêmica aberta, na qual o narrador orienta seu discurso para o discurso do jornal, apresentando-o como refutável:

> Que dizer, pois, de um pudibundo vespertino de tão estreito catonismo que chegou a dar conselhos à polícia – que vedasse às transviadas o ingresso em divertimentos e espetáculos abertos às famílias. (id., ibid., p.142)

A condição de refutável é, de saída, gerada pela seleção e colocação dos adjetivos e pela presença do intensificador: "*pudibundo* vespertino de tão *estreito* catonismo" (grifos nossos). Antepostos, os adjetivos, já por si depreciativos, centralizam a significação no determinante, reforçando sua abrangência sobre o determinado. Desse modo, promove-se com eficácia a inoportunidade do discurso veiculado no jornal.

O narrador articula cuidadosamente a defesa à prostituição e o ataque ao jornal. Primeiro, executa um longo

94   SANDRA A. FERREIRA

encômio à função benemérita da prostituta para, a seguir, apresentar a acusação, na voz de um jornal qualquer. Certamente, após a louvação precedente, a inserção de um parecer contrário ao do narrador pouco representará como força persuasiva, pois trata-se de uma voz a que faltam os argumentos justificadores do ataque, ao passo que, na voz do narrador, proliferam os argumentos de defesa à prostituição. Ora, semelhante desigualdade de posições soma pontos a favor do narrador, visto que pode manejar o discurso do jornal apenas para desmerecê-lo, uma vez que este se orienta para um sentido diferente – a segregação da prostituta. Portanto, tendo introduzido a voz dissonante após uma empenhada defesa do objeto da discordância, o narrador neutralizou os efeitos daquela.

No intuito de neutralizar ainda mais os efeitos da voz discordante, o narrador propõe um exercício de suposição, em que se acatariam os conselhos do jornal. Sua finalidade é, paralelamente, sublinhar o papel vital da prostituta. Todavia, tal papel ganha contorno bastante pueril: "Se fosse decretada a vexatória proibição, havia de ver o moralista a falta que faria em tais reuniões o seu melhor elemento decorativo" (id., ibid., p.142).

Como se reconhecesse, entretanto, que a razão posta não é muito convincente, o narrador lança mão de um poderoso argumento de autoridade em favor de sua declaração: "Assim é, pelo menos, como essas coisas se entendem nas grandes metrópoles do mundo, segundo tenho lido em magazines e romances" (id., ibid., p.142).

Ao invocar o entendimento manifesto pelas grandes metrópoles, o narrador zomba do provincianismo local, que, sequioso por estar sempre no compasso dos modismos europeus, aposta em um silogismo duvidoso: assim deve pensar São Paulo, se assim pensam as grandes metrópoles. Não contente ainda, o narrador recorre a novos juízos favoráveis a seu ponto de vista:

ENTRE A BIBLIOTECA E O BORDEL **95**

E isto mesmo confirmam os cinematógrafos e o testemunho abalizado de pessoas que viajaram. Seria, logo, rematada estultícia pretender isolar da comunicação da sociedade uma parte dela que concorre honestamente para a beleza e brilho das diversões mundanas (id., ibid., p.142).

Em sua busca por comprovação, o narrador enredou quatro poderosos agentes fornecedores de informação – as revistas, os romances, o cinematógrafo e os relatos de viagem – freqüentemente voltados para a divulgação enaltecedora do mundanismo. A intenção do narrador, ao sugerir a liberalidade das revistas das grandes metrópoles, é fazer contraponto à pudicícia do jornal paulistano a que se refere, para fazê-lo cair em descrédito ainda maior, tanto que, a seguir, não utiliza mais o hiperônimo "vespertino", mas uma forma hipônima, "jornalista", que parece restringir a questão à falta de urbanidade de um profissional isolado: "o verecundioso jornalista".

O determinante "verecundioso" exprime primorosamente a intenção irônica do narrador, por permitir duplo entendimento. Por um lado, "verecundioso" remete àquele que tem vergonha, é tímido, acanhado. Por outro, àquele que causa desonra, é indigno, infame. Ora, tendo em vista o objetivo do narrador – reverter a condenação à prostituição em elogio à mesma – e os argumentos de cunho cosmopolita utilizados para tanto, se sobressai a segunda acepção de "verecundioso", visto que o jornalista contraria o que corre pelas metrópoles e, ao revelar, por meio de sua intolerância, certo provincianismo local, envergonha a todos os paulistanos.

Como investida final, o narrador desnuda a ingenuidade do jornalista ao dirigir sua repreensão contra apenas uma das partes envolvidas e revela, ironicamente, a incursão que a "Família", apesar de sua divulgada integridade, sugerida pela inicial maiúscula, realiza nos domínios daquelas a

96　SANDRA A. FERREIRA

quem chama decaídas. Desse modo, a prostituição emerge como uma via de mão dupla, marcada pelo consentimento mútuo. Ao concluir ressaltando o absurdo que seria o jornalista censurar pessoas respeitáveis apreciadoras das formas de sociabilidade oferecidas pelo alto meretrício, o narrador opõe-se à então vigente "teoria das duas morais, ou seja, a uma visão que promovia a repressão centrada sobre a mulher e mantinha o homem e a sociedade completamente desresponsabilizados" (Rago, 1991, p.120).

Após inventariar muitas modalidades comprobatórias do merecimento da prostituição, o narrador volta à carga contra o moralismo capenga vigente na sociedade de então. Embora assuma um tom de solenidade caricatural, parecendo sugerir que o assunto de fato não tem a seriedade que lhe devota, o narrador aconselha aos interessados em preservar os costumes e a moral que reflitam sobre a complexidade da prostituição. É certo que os argumentos apontados pelo narrador como comprobatórios de tal complexidade são corroídos pela ironia. Todavia, a insinuação de que a sociedade é cúmplice no comércio dos corpos é, verdadeiramente, um assunto grave, a exigir "estudo e meditação", para não se incorrer na condenação de apenas um dos pilares sustentadores do alentado empreendimento da prostituição de alto nível. Dessa maneira, após a defesa satírica efetuada pelo narrador, a prostituição não ressurge redimida aos olhos do leitor. A sociedade que a engendra e sustenta, contudo, rebaixa-se sob o peso de sua própria hipocrisia.

Em seguida, o narrador lança mão do contraste satírico, instituindo o oxímoro da santa-cortesã. Formalmente, o contraste pode apresentar-se por meio da antítese, do oxímoro, da antonomásia, ou de outros modos de indicar a oposição de idéias.

Joseph Bentley, estudando os romances de Aldous Huxley, constatou que na obra desse autor há um movimento agônico entre imagens espirituais e fisiológicas, estabelecendo-se uma união de valores antitéticos. Em função disso, conclui que o oxímoro satírico gera uma inevitável tensão entre elementos com conotações contrastantes, cujo efeito retórico é o tom satírico. O oxímoro satírico provoca, então, um efeito semântico chamado por Bentley de "gravitação semântica". Esse fenômeno dá-se quando um enunciado justapõe elementos elevados e inferiores, resultando em um movimento do superior em direção ao inferior:

> O oxímoro satírico institui uma área de tensão entre elementos de conotação intensamente contrastante, cujo efeito retórico confere o tom satírico à obra (...). Quando um conjunto de imagens justapõe elementos elevados e inferiores, o resultado é um movimento do elevado em direção ao inferior, uma gravitação semântica. (Bentley, 1969, p.6-7)[1]

Após empreender a defesa da prostituta no âmbito do inapreensível feminino, louvado pelas artes e pelas metrópoles refinadas, conforme se demonstrou no item anterior, o narrador, para intensificar a argumentatividade, ampliará ainda mais o contraste, por meio de uma inversão tipicamente carnavalesca: a religião do espírito perderá lugar para a religião da carne, graças a uma leitura humanizadora do discurso sagrado, na medida em que libera o comércio sexual, um dos pontos altamente cerceados pela religiosidade.

Ao associar a total tolerância da sociedade para com a prostituta à benevolência cristã, o narrador instaura um *ethos* profundamente escarnecedor. Por meio de um metadiscurso, começará a minar a tradicional leitura oci-

---

1 *The satiric oxymoron establishes an area of tension between elements with widely contrasting conotation, and its rethorical effects create the satiric tone of the work (...). When a cluster of images juxtaposes high and low elements the result is a movement of the high toward the low, a semantic gravitation* (Bentley, 1969, p.6-7).

98   SANDRA A. FERREIRA

dental com declarações hiperbólicas e desviantes, para melhor atingir seu fim:

> Esta é a verdade. A doutrina que tenho bosquejado sobre a natureza convencional e transitória da interdição às marafonas nenhuma só vez é desmentida, quer no *Antigo*, quer no *Novo Testamento*. (Tácito, 1992, p.143)

A prostituta será elevada à condição de criatura venerável, devido ao reconhecimento a ela prestado por grandes nomes bíblicos, segundo afirmações satíricas do narrador. Para tanto, o narrador brinca com a "lei da exaustividade" (Barros, 1988, p.103), oferecendo-se para apresentar informações vitais à sua argumentação colhidas na autoridade dos profetas Oséias, Ezequiel e Jeremias. Ironicamente, não julga necessária tal exaustividade e declara ser Moisés melhor que a soma de todos os profetas.

Tendo sido Moisés o regulamentador do permitido e do não permitido na relação entre os corpos, seria natural que proferisse uma reprimenda contra as prostitutas, pelo menos conforme a mentalidade impregnada de intenções proibitórias para com a categoria em questão. Semelhante investida, entretanto, seria por demais óbvia considerando-se a seriedade da lei mosaica, segundo a qual a relação sexual só é admissível após o matrimônio, devendo ficar absolutamente restrita aos cônjuges. Uma vez rompido tal limite, a penalidade seria a morte. A prostituição, portanto, representava certo e fecundo fator de danação. Se Moisés, para evitar um truísmo talvez, a ela não se refere diretamente, nos Provérbios e no Eclesiastes abundam referências completamente despidas do tom de doçura infinita pretendido pelo narrador:

> Os seus pés (da prostituta) caminham para a morte e os seus passos penetram até aos infernos. Eles não andam pela vereda da vida. Os seus passos são vagabundos e impenetrá-

veis. Afasta dela o teu caminho e não te aproximes das portas de sua casa. ("Provérbios", V)

Nunca entregues a tua alma às prostitutas, para que não te percas a ti e aos teus bens. ("Eclesiastes", IX)

Tais passagens atestam a apropriação satírica que o narrador faz do discurso bíblico, ao tomá-lo como argumento de autoridade para comprovar a natureza relativa da interdição às prostitutas, alegando que nenhuma vez sequer isso é desmentido no *Antigo* ou no *Novo Testamento*.

Contudo, para conferir maior legitimidade à cena enunciativa, ressalta que apenas a meretriz Raab foi salva, graças a Josué, da destruição de Jericó, tendo a seguir levado uma vida honrada e gerado numerosa prole, entre cujos descendentes estaria o próprio Jesus Cristo, a quem, conforme o narrador, a condição da prostituta nunca repugnou, antes pelo contrário, tanto que santificou Maria Madalena, símbolo da pecadora redimida.

A enumeração dos episódios bíblicos caracterizados pela redenção de prostitutas cumpre uma função pragmática da ironia, ou seja, procede-se a uma avaliação de natureza negativa, na qual o escárnio toma forma de expressões laudatórias (cf. Hutcheon, 1989, p.73). Em verdade, o narrador não deseja convencer o leitor de que a prostituta seja ou não um ser meritório; pretende, sim, criar um estranhamento diante do paroxismo de um referencial discursivo marcado pela heterogeneidade de vozes.

Por um lado, há o discurso bíblico, que só reconhece a remissão da mulher pecadora após a manifestação de seu mais profundo arrependimento e da disposição para converter-se à norma. Por outro, há o discurso do narrador, que satiriza essa possibilidade de redenção associando-a à própria essência da prostituição, pois executa um raciocínio às avessas, a fim de instituir o pecado redentor, que contém a queda e a ascensão simultaneamente, arroladas como razão

100 SANDRA A. FERREIRA

e conseqüência. Essa orientação discursiva ganha ainda maior amplitude na apresentação dos casos de cortesãs que se tornam santas: Santa Taís, Santa Maria Egipcíaca e Santa Pelágia de Antióquia.

Valendo-se do oxímoro "santa-cortesã", o narrador embaralha as cartas para sugerir a concomitância de dois estados irreconciliáveis na ordem comum do mundo, atribuindo-lhes idênticos valores:

> Mas a cortesã mais admirável de todas, como santa, foi, sem dúvida, Santa Pelágia de Antióquia. Foi uma grande santa, não menor cortesã. E antes mesmo de ser santa, sendo apenas cortesã (...). (Tácito, 1992, p.144)

Para arrematar toda a ambigüidade que vai pelo seu discurso, o narrador cita as palavras do "santo Bispo Verônio":

> Na verdade vos digo que o Senhor, no dia do juízo, nos há de apontar esta mulher, que tão bem se adereçou para agradar aos seus amantes, enquanto que nós outros pouco fazemos para agradar ao Celeste Esposo! (id., ibid., p.145)

Sob tais palavras, ressoam as célebres palavras de Cristo:

> Olhai os lírios do campo, eles não trabalham, nem fiam e, contudo, digo-vos que nem Salomão, com toda a sua glória vestiu como um deles. Se, pois, a erva, que hoje está no forno, Deus a veste assim, quanto mais a vós homens de pouca fé. ("São Lucas", XII)

Por meio da paródia, as vozes ganharam orientação diametralmente oposta. A beleza, que no texto parodiado é dada como sinal do amor divino pelo homem, no texto paródico assoma como uma espécie de catalisador da luxúria masculina diante da mulher adereçada para a sedução.

Após usurpar o estilo de linguagem de Jesus Cristo para proclamar a luxúria/luxuosidade da cortesã, o "venerável"

Bispo Verônio reduz-se a um libidinoso dissimulado, cuja euforia é utilizada pelo narrador para justificar uma negação polêmica:

> A própria religião não despreza, portanto, o ofício da cortesã, quando representa o seu papel de educadora do bom gosto. Nem podia ser d'outra forma. Pois tudo quanto é belo nos obriga a louvar a Deus pelas suas obras. (Tácito, 1992, p.145)

A última investida do narrador ao discurso bíblico apanha uma citação que, sob a óptica satírica, corresponde à máxima libertadora da culpa de uma sociedade que cultiva a prostituição: "Tu porém tens te prostituído a muitos amantes; apesar disso, volta para mim, diz o senhor, e eu te receberei" ("Jeremias", III).

No contexto original, tais palavras estão longe de constituir um lema a ser seguido por uma sociedade permissiva. Representam, sim, um ultimato para a ovelha desgarrada juntar-se ao rebanho e não mais se extraviar do caminho determinado pelo Eterno.

As palavras do narrador, ao brincarem com as palavras bíblicas, colocam o mundo de cabeça para baixo. Seu empenho argumentativo revela-se uma acurada forma de sátira às ambivalências de uma sociedade afeita a polarizações, uma vez que desmascara, simultaneamente, a ortodoxia cristã e a obliqüidade mundana. Ao final, os dois lados da moeda (divino/mundano) revelam-se relativos, fragmentários, ao se extremarem em impedimentos ou liberalidades.

Empreendendo uma leitura deformante dos textos sagrados, o narrador ridicularizou as deformações sofridas pelas regras que pretendem orientar a vida em sociedade, quando as mesmas são estabelecidas sem a necessária reflexão sobre as questões envolvidas.

Não basta pretender banir a prostituição, sem levar em conta que, se a uns figura ela um mal repugnante, a outros

102   SANDRA A. FERREIRA

figura enormes lucros e a outros, prazeres. É preciso, portanto, analisar as razões determinantes da prostituição como fenômeno socioeconômino. Se o narrador satiriza o preconceito estabelecido em torno da prostituição, é com a finalidade de reconhecê-la como prática social marcada por interesses que vão além do mero encontro dos corpos e convertem-se em empresa lucrativa, que, no romance, resulta da eficaz administração dos recursos monetários, pautada pela máxima exploração dos recursos humanos, a saber, a prostituta e o "coronel".

Concluindo, o caráter satírico do fragmento analisado advém da inversão satírica de valores ocorrida ao se apresentar a prostituição como algo nobre, elevado, e a repreensão dirigida a ela como sintoma de provincianismo e estreiteza intelectual. Tal inversão se deu graças às relações dialógicas estabelecidas entre o discurso do narrador e os vários discursos nos quais se inseriu uma orientação discursiva estranha às palavras originais, criando-se, assim, vários efeitos dialógicos satírico-parodísticos.

A concretização da dissonância

> *Em seu lábio cansado um sorriso luzia.*
> *E era o sorriso eterno e sutil da ironia,*
> *Que triunfara da vida e triunfara da morte.*

> Manuel Bandeira. Menipo. In: *Carnaval*

No subcapítulo dedicado à feição camaleônica da sátira, ao se tratar da inversão, declarou-se que esse procedimento satírico é vital à constituição de *Madame Pommery*, visto que o narrador apresenta como nobre uma personagem degradada, empreendendo, assim, um elogio irônico.

ENTRE A BIBLIOTECA E O BORDEL   103

Esse elogio é irônico por estabelecer uma visível inadequação entre significante e significado, ou seja, o narrador cria uma aparência que contrasta com a realidade, tanto no que toca ao tratamento concedido às personagens quanto no que diz respeito à reflexão sobre a narrativa.

A fim de melhor dimensionar as contradições incessantes da realidade, o narrador optou por uma perspectiva não habitual, menos provável, na qual aninhou a incerteza, para espreitar o leitor. A ironia, sendo assim, tornou-se a força motriz da sátira narrativa de Hilário Tácito. Por essa razão, a seguir, será realizada uma sondagem sobre o conceito de ironia, a fim de fornecer os subsídios que permitirão a análise de seu funcionamento em *Madame Pommery*.

As acepções correntes do vocábulo ironia vão desde a mera oposição ou contraste, que se assemelha a uma brincadeira insultuosa, até um tipo de zombaria, que consiste em modificar o valor das palavras, para dar a entender o contrário do que é dito. Como figura de retórica, consiste no uso de um enunciado, dentro de um contexto sério, com um sentido burlesco, diverso de seu significado primeiro. Tais aspectos permitem concluir ser a ironia uma forma de discurso em que o sentido realmente visado é contraditado pelas palavras usadas.

Vinda do grego *eironeía*, de *eíron*, "aquele que diz menos do que pretende", a palavra ironia foi usada no mundo grego para designar declarações que tendiam à dissimulação. Tal sentido pode ser exemplarmente ilustrado pela ignorância adotada por Sócrates como método dialético, a ironia socrática, absolutamente calculada, capaz de desarmar o ridículo pela antecipação do mesmo.

Essa rápida visada sobre os usos do termo ironia revela que o sentido do mesmo está em contínua transformação. Este é o parecer de D. C. Muecke, ao informar que, se no século XVI ironia denotava apenas uma figura de linguagem, hoje assume sentidos diferentes para diferentes pes-

104 SANDRA A. FERREIRA

soas, que podem pensá-la em termos de forma ou qualidade, do ironista ou da vítima, da técnica ou da função ou, ainda, do efeito (cf. 1976, p.11).

Os aspectos a ser considerados acerca da ironia, certamente, revelam-na como um fenômeno lingüístico complexo, irredutível a definições simples. É possível, todavia, captar tendências freqüentes, como seu caráter de jogo de significações, o que a torna essencial ao funcionamento da sátira.

Para Sônia Brayner, a força da ironia reside no

> Antigo e sempre atual prazer humano em fazer contrastar a aparência com a realidade. No princípio, um significado – a aparência – apresenta-se como verdadeiro; porém um aprofundamento contextual faz gradativamente surgir um outro lado – a realidade – diante da qual o significado primitivo surge como falso e limitado. (1979, p.100)

A percepção dessa duplicidade, conforme Brayner, é fundamental à compreensão da ironia.

A sátira utiliza-se da ironia como mecanismo retórico. O funcionamento da ironia, certamente, não tem posição permanente e definida na língua, adquirindo sua significação no ato de produção lingüística. A eficácia da ironia, assim, tem a ver com a sutileza de sua presença.

Conforme Linda Hutcheon, a ironia é fundamental para a sátira porque possui uma especificidade simultaneamente semântica e pragmática:

> A função pragmática da ironia é, pois, a de sinalizar uma avaliação, muito freqüentemente de natureza pejorativa. O seu escárnio pode, embora não necessariamente, tomar forma de expressões laudatórias para implicar um julgamento negativo: ao nível semântico, isto implica a multiplicação de elogios manifestos para esconder a censura escarnecedora latente. (Hutcheon, 1989, p.73)

Hutcheon chama atenção para o fato de ambas as funções por ela assinaladas – inversão semântica e avaliação pragmática – estarem implícitas na raiz grega, eurôneia, que sugere dissimulação e interrogação e, por isso, justifica um contraste de sentidos, levando a um questionamento ou julgamento.

No terceiro ensaio que compõe a sua *Anatomia da crítica*, "Crítica arquetípica: teoria dos mitos", Northrop Frye abordou a sátira e a ironia sob a perspectiva do *"mythos* do inverno". Por mito, em termos de narração, Frye entende "a imitação das ações que raiam pelos limites concebíveis do desejo, ou que se situam nesses limites" (1973, p.138). Sintomaticamente associou-se essa forma do enredo genérico ao inverno, pois as configurações míticas aqui correntes dizem respeito à experiência, "às tentativas de dar forma às ambigüidades e complexidade mutáveis da existência não idealizada" (id., ibid., p.219).

Frye considera essenciais à sátira dois elementos: a graça e o ataque, observando que o ataque sem humor, a denúncia pura, constitui um limite para a sátira, na medida em que, em literatura, o ataque jamais pode ser mera expressão de ódio pessoal ou social.

O humor e o ataque ligam-se à convenção, a um mundo estilizado, "no qual não se permite que existam (...) esposas obedientes, sogras queridas e professoras com presença de espírito" (id., ibid., p.221). Sendo assim, é uma exigência do humor haver concordância quanto às situações focalizadas. Além disso, o humor e o ataque satírico requerem, necessariamente, a percepção do inconveniente. Ao caracterizar a sátira e a ironia, Frye considera seis fases para a melhor compreensão de ambas. Na primeira fase (correspondente à primeira fase da comédia irônica), não há deslocamento da sociedade cômica, sendo a "sátira da norma baixa" a forma típica dessa fase. Na sátira de norma baixa admite-se como verdadeiro um "mundo cheio de anoma-

106   SANDRA A. FERREIRA

lias, injustiças, desatinos e crimes, e contudo é permanente e indeslocável" (id., ibid., p..222).

A comédia da fuga é a forma mais simples da sátira da segunda fase: o herói foge para uma sociedade mais adequada, sem transformar a dele. A segunda fase abarca ainda o romance picaresco que, segundo Frye, narra a história de um "velhaco de êxito que, a partir de Reinardo, o Raposo, faz a sociedade convencional parecer tola sem erigir nenhum padrão positivo" (id., ibid., p.225). Nessa fase, a literatura assume especial função analítica, destruindo estereótipos, crenças, superstições, dogmatismos e tudo que impeça a liberdade da sociedade.

A terceira fase da sátira é representada pela "sátira da norma elevada", cujo ponto de apoio é o senso comum, a experiência sensível, os quais o satirista explora questionando e substituindo as perspectivas costumeiras. Por exemplo, pode transformar seu herói num asno e mostrar o que é a vida humana sob a perspectiva desse animal. Esse tipo de procedimento, segundo Frye, destrói as associações costumeiras e reduz a experiência sensível a apenas uma entre muitas categorias possíveis, valendo-se, para isso, de um alto grau de ridículo.

Acentuando a humanidade de seus heróis, a quarta fase procura apresentar a miséria humana como "supérflua e inevitável". Essa fase, informa Frye, tem como um de seus temas centrais a resposta de Stein à personagem homônima da obra de Conrad, *Lord Jim*: "Afunda-te no elemento destrutivo".

Na quinta fase, a ironia enfatiza o ciclo natural, o giro da roda da fortuna, vendo "a experiência com o ponto de epifania fechado". O mote dessa fase é: "pode haver paraíso; deve haver inferno". Seu interesse pelo mundo é generalizado, metafísico, estóico e resignado.

Por fim, a sexta fase focaliza a vida humana sob uma servidão irremissível. Seus ambientes são prisões, hospícios, turbas linchadoras e lugares de execução. A forma

ENTRE A BIBLIOTECA E O BORDEL   **107**

primeira dessa fase é o pesadelo da tirania social, cujo exemplo mais conhecido talvez seja, segundo Frye, *1984*. As personagens dessa fase pertencem ao tipo "desdichado", marcadas que são pela miséria ou pela loucura. Essa forma de ironia é intensamente trágica.

Os *"mythos* do inverno" apresentados por Frye constituem um painel analítico abrangente acerca dos modos possíveis de configuração da sátira e da ironia através dos tempos. Esses modos estão invariavelmente associados à experiência humana, na tentativa de expor os absurdos, as deficiências e os excessos que compõem os diferentes papéis desempenhados pelo ser humano. A importância da reflexão de Frye acerca da ironia e da sátira reside sobretudo no fato de tê-las compreendido, em suas distintas fases, como princípios de recuperação de todo o inconveniente que os padrões vigentes se esforçam para escamotear. Movendo-se em um mundo despido de qualquer idealização, os satiristas de todos os tempos parecem ter flagrado sempre o demasiado humano.

A sátira de Hilário Tácito apresenta características que a vinculam à segunda e à terceira fase postuladas por Frye. À segunda fase porque há laivos picarescos na constituição da extração de Madame Pommery: neta de padre, filha de um "lambe-feras" sem escrúpulos e de uma ex-noviça lúbrica, Ida Pomerikowsky, de origem tão degradada, converterá a degradação em método de inserção social. De vocação inicialmente itinerante, peregrinou pela Europa antes de aportar no Brasil. Para realizar esse trajeto, usou a velhacaria com trunfo: enganou o pai degenerado e associou-se a Mr. Defer. Seu modo inicial de vida e seus métodos de sobrevivência revelam, porque construídos com rápidas pinceladas pelo narrador, uma diluição do modelo da picaresca. Em contrapartida, é nítida a função analítica voltada para a crítica das autoridades, instituições e fatos da vida oficial:

108   SANDRA A. FERREIRA

Grande foi o espanto, maior a indignação de Mme Pommery, quando lhe chegou em casa a exorbitante intimação (...). Neste negócio, como nos outros, não havia de se portar como uma tonta.

O Coronel Fidêncio Pacheco Izidro (...) era um dos magnatas que, uma vez por outra e a bem do próprio renome, se dignavam de honrar em pessoa os gabinetes reservados do *Paradis Retrouvé*. E ele era, ao tempo deste caso, nem mais nem menos que Ministro dos Impostos, portanto o superior hierárquico na mais alta instância do incorruptível e implacável Justiniano Sacramento. (Tácito, 1992, p.149)

O fragmento anteriormente transcrito é um espelho da análise crítica da hierarquia, em que as pessoas são marcadas por categorias extensivas, binariamente: de um lado os superiores (representados, no caso, por Pacheco Izidro), de outro os inferiores (representados por Justiniano Sacramento). A ação de Pacheco sobre Justiniano resultará na burla à lei que determinava a Madame Pommery o pagamento de impostos. Esse expediente reflete criticamente a percepção de uma incongruência, ou seja, a um sistema de leis que serve para todos opõe-se a existência de indivíduos que, relacionados com certas personalidades, se colocam acima da lei.

A revelação da desigualdade funda a consciência de um real múltiplo, em que impera a lei de um peso e duas medidas. O já mencionado caso do alemão Sigefredo é igualmente exemplar. Em tempos prósperos, está rodeado por amigos parasitas; em tempos difíceis, é por todos abandonado e caluniado. Inesperadamente, recebe uma herança e, escaldado, deixa imediatamente São Paulo. O narrador, sarcasticamente, comenta:

Pobre Sigefredo! Se a herança que recebeu da Alemanha tivesse chegado apenas quinze dias mais cedo, quantas horas amargas não lhe teria poupado? Porque nem todos sabem que recebeu uma herança da Alemanha. Aqueles que o souberam convenceram-se logo da falsidade dos boatos que o denegriam (....). (id., ibid., p.98)

A série satírica de pequenos e grandes logros com que o narrador vai pontilhando os capítulos traz à luz uma articulação que opõe prestígio social a anonimato, honra a dinheiro, prudência a oportunismo, dentre outros, e produz uma sátira bastante móvel e inclusiva, reveladora dos pontos de falha e de falta de valores e condutas mais lídimos. Hilário Tácito apresenta, portanto, uma vocação antropofágica para o questionamento, a subversão dos valores instituídos, descortinando os meandros hipócritas que os instituem.

Se a sátira de Hilário Tácito tem pontos de contato com a segunda fase apresentada por Frye, é com o modelo da terceira fase que ela mais nitidamente dialoga, pois ao trocar os sinais convencionais catalogadores do mundo – posto que converte as falcatruas bem-sucedidas de uma prostituta em tema solene e de suma importância, bem como questiona as regras estabelecidas para a narrativa via arcaização do novo e atualização do arcaico – instaura a maleabilidade de tudo na vida e, assim, por meio da concretização da dissonância, funda a consciência do múltiplo, desordenado, desentranhando satiricamente virtualidades:

Ah, se sobre a Marquesa de Santos, se sobre Mme. Pompadour tivessem os historiógrafos um cronista tão fiel quanto eu juro que hei de ser sobre Mme. Pommery! – Quanta cousa não haveria de refundir na história de Pedro I no Brasil e de Luís XV na França! – Shakespeare faz dizer a Hamlet que "há mais cousas no céu e na terra além dessas com que sonha a vã filosofia". Pois ainda é tempo de acrescentar que muitas outras cousas há e houve por esse mundo de Cristo, além das que nos contam as vaníssimas histórias... (id., ibid., p.35)

110   SANDRA A. FERREIRA

Ao traçar uma linha que aproxima Madame Pommery das célebres amantes de dom Pedro I e Luís XV, o narrador desenha uma paralela satírica que redimensiona essas figuras em termos de significação histórica, pois as torna emblemas ambíguos em uma reticente constelação de virtualidades, convenientemente toldada pela historiografia oficial. Recuperando a segunda mais citada frase de Hamlet ("Há mais cousas [...]"), aponta para uma margem excluída, que pode ser o avesso, a fala proibida, o não consentido. Sugere, em suma, que ser ou não ser continua sendo contingencial, questão de recorte.

Colocando sob suspeita os parâmetros oficiais, o narrador vai criando uma bem-humorada descontração, que o afasta de toda seriedade unilateral e assegura a fecundidade dos contornos satíricos, reveladores de uma consciência narrativa afeita ao ambíguo, ao conflitante como índice irremissível da relatividade intrínseca a tudo que seja humano. Essa relatividade, certamente, inscreve-se sob a tendência problematizadora inerente à sátira que, dialeticamente, diz o que nega e, ao negar, afirma o reverso daquilo que nega:

> Todos os psiquiatras especialistas em sexualismo, Krafft-Ebing à frente, Forel, Brown-Séquard, Lombroso et caterva, unanimemente observam que é o álcool o sustento principal da prostituição e da libertinagem. Os poetas também, desde Anacreonte nas Odes, até Guerra Junqueiro no D. João, têm dito mais ou menos a mesma cousa; não com a mesma farragem pedantesca, mas com muito mais graça e mais verdade. Donde concluo que a poesia sabe mais, ou melhor, que a ciência, mas não era aí que eu pretendia chegar. O que eu queria era mostrar-me admirado da intuição de Mme. Pommery, que, neste assunto de álcool e de alcouces, sabia tanto como os sábios e os poetas, e, contudo, não era sábia, nem poetisa. (id., ibid., p.101)

Após conclamar o discurso competente de autoridades e o discurso lírico dos poetas, estabelecendo uma relação comparativa de superioridade desses em relação àqueles, os quais já haviam sido imediatamente rebaixados pela expressão latina *et caterva*, o narrador finge corrigir a rota de seu raciocínio, por meio de um metadiscurso operador de um ajuste nos termos ("mas não era aí que eu pretendia chegar. O que eu queria..."). Na seqüência, monta um novo esquema comparativo, agora de igualdade ("sabia tanto como os sábios e poetas"), que aproxima Madame Pommery dos termos da comparação anterior, não sem, todavia, estabelecer uma adversativa, com vistas à negação dos predicativos ("contudo, não era sábia, nem poetisa"). O saber de uma e de outros, acerca do vínculo entre álcool e prostituição, é apenas aparentemente matizado, porque Madame, sem ser sábia, sabe; sem ser poetisa, tem inscrita, no enunciado que afirma seu saber, uma jocosa aliteração ("assunto de álcool e de alcouce"), de modo que os ingredientes que se pretendiam isolados e diferenciados resultam satiricamente amalgamados.

Para Friedrich Schlegel, a "ironia é um tipo de confissão entrelaçada à representação em si mesma" (apud Muecke, 1976, p.16). O conceito formulado por Schlegel revela a ironia como um balanceamento do imaginativo e do prosaico, do sério e do cômico. Esse balanceamento é eficazmente criado por Hilário Tácito ao focalizar a biblioteca e o bordel simultaneamente, a ficção e a história, os acertos e as distorções da vida intelectual e social, tornada alvo de uma metaficção empenhada em desvendar seus próprios meandros, sem temer revelar satiricamente até a própria penúria de construir uma obra:

> Saibam que me arrependo de todo o trabalho desta crônica. Chegado a este ponto, sinto-me intentado a rasgar as páginas escritas e dar de mão à empresa. Se o não faço é em respeito ao editor ingênuo que me pagou adiantado esta pele de

112   SANDRA A. FERREIRA

urso... por caçar. (...) O que me confrange deveras, e quase me
desanima, é antever a opinião injusta e errada de muitos que
me lerem, a respeito deste livro. (1992, p.65)

O que parece enfado revela-se, na verdade, açodamento
diante da possibilidade de uma recepção inadequada da
obra. O narrador, consciente de que opera uma inovação
literária no cenário do romance brasileiro, teme que sua
obra, empenhada em desvendar a natureza experimental do
ato de escrever, seja considerada apenas mais um romance
de existência vicária, a ser lido não como literatura, mas
como substituto da vida. À estética da arte-para-esconder-
a-arte, o narrador opõe sua preferência pela arte-para-mos-
trar-a-arte, ironicamente.

Sabe-se que os românticos, como Tieck, Brentans e
Hoffman, distenderam os limites do conceito de ironia,
entendendo-o como a exigência de romper a ilusão da objetividade da obra literária mediante, por exemplo, a inter-
venção do autor no romance, a aparição do dramaturgo na
própria cena etc.

A ironia satírica de Hilário Tácito traz, em sua raiz, a
ironia romântica ampliada, pois, além de triturar a ilusão da
objetividade usando o embuste da "história verdadeira", o
narrador esfacela o conceito de verdade, instituindo o relativismo de toda e qualquer experiência humana mediada pela
palavra. Hilário Tácito revela a ironia moderna da consciência plena do romancista, cujo romance é uma apresentação irônica da irônica posição da consciência do romancista.
O artista, segundo Muecke, ocupa uma posição irônica por
diversas razões, já que, no intuito de escrever bem, deve ser
capaz igualmente de ser criativo e crítico, subjetivo e objetivo, entusiástico e realista, emotivo e racional. Além disso,
sabe que sua obra pretende ser sobre o mundo, mas ainda é
ficção; gostaria de dar uma apreciação verdadeira e completa da realidade, mas sabe que isso é impossível, pelo fato de

ENTRE A BIBLIOTECA E O BORDEL **113**

a realidade ser vasta, repleta de contradições e encontrar-se em estado contínuo de formação (cf. 1976, p.19).

Sendo assim, a única possibilidade – Toledo Malta a compreendeu bem – aberta ao artista verdadeiro, conforme Muecke, é incorporar a consciência de sua posição irônica à obra e, desse modo, criar algo que será, se um romance, não simplesmente uma história, mas antes a narração de uma história que se completa com o autor e a narração, com o leitor e a leitura, com o estilo e a escolha do estilo, com a ficção e sua distância do fato, de modo que se possa considerá-lo como ambivalentemente arte e vida (cf. id., ibid., p.20).

Apresentam-se, a seguir, alguns fragmentos reveladores da consciência irônica nutrida pelo narrador. No primeiro capítulo, lê-se:

> Cousa nova há de parecer a muita gente que este livro, cujo propósito declarado é narrar a vida de uma personagem tão ilustre como Mme. Pommery, logo no começo se extravie de seu reto caminho, trocando assunto de tamanho momento por outro apagado e tão pouco interessante, como seja a personalidade incógnita do autor. E, contudo, este desvio das normas consagradas parece-me em absoluto indispensável (...). (Tácito, 1992, p.33)
>
> Mas eu desejo levar a cabo esta obra com método rigoroso, e sem jamais me apartar uma linha de meu assunto principal, nem da verdade.
>
> (...)
>
> Mas não convém precipitar a narração, porque eu tenho meu plano bem traçado para escrever esta história com todas as regras da arte; e só hei de dizer cada cousa no seu próprio lugar e tempo, e não antes, nem depois.(id., ibid., p.36)

Essas citações fazem ver que a atitude do narrador, que se pretende munido de um método objetivo rigoroso, é oscilante e, pretextando a ordem, compraz-se em criar desordem, porque chama tanta (ou mais) atenção para o ato de narrar quanto para a narração da trajetória da protagonista. Esse expediente funciona como um tiro de advertência para o leitor, a quem o narrador desnuda, ironicamente, sua consciência de que as estratégias de narração (seja dos historiadores, seja dos romancistas) estão de algum modo exauridas. Tanto é assim que o método postulado será sistematicamente posto de lado em favor de uma pletora de informações cambiantes, articuladas por uma prodigiosa capacidade de ligação, com vistas à redução satírica.

No segundo capítulo, destarte, o narrador menciona o "rigoroso método científico" segundo o qual pretende escrever sua obra para, após proceder a uma listagem de nomes consagrados por seus métodos, recusá-los todos como modelos, instituindo sua própria soberania, certamente bebida em Montaigne:

> Para terminar essa digressão erudita, mas oportuna, direi que não me comprometo a acompanhar, nesta obra capital sobre Mme. Pommery, nem Wilde, nem Taine, nem Sainte-Beauve, mas pretendo conservar liberdade de arbítrio absoluta, para proceder em tudo segundo as minhas doutrinas próprias, originais sobre a matéria. (id., ibid., p.38)

Após se propor, no capítulo anterior, a jamais se afastar sequer uma linha de seu "assunto principal", o narrador dá-se a uma envolvente digressão para, em seguida, rejeitar os pressupostos nela contidos e efetuar tantas outras digressões, conforme avançam os capítulos. Nessa clave, inscreve-se a tendência à arte que teima em alardear-se o tempo todo como tal, apontando, como observou Barthes em *O grau zero da escritura*, um dedo enfático para sua própria máscara. O início do terceiro capítulo é dos mais reveladores nesse sentido, pois, tomando uma citação de Virgílio como mote para satirizar os excessos e as inadequações que o gosto pela citação gera, o narrador monta um preâmbulo que conduz exatamente à espinha dorsal de seu romance metanarrativo, denunciando a saturação e propondo a renovação dos procedimentos narrativos. Dirigindo-se machadianamente ao leitor, antecipa-lhe as objeções e responde-as:

> Diante de tal começo, ao parecer estranho e despropositado, pode-se crer que eu haja inopinadamente ensandecido; ou, então, que sucessos calamitosos, lastimáveis, se prenunciam para breve e contra a verossimilhança.
> Pois, nem uma coisa, nem outra! E, contudo, não perdi o meu latim, como poderá imaginar o leitor erradamente, se ainda não logrou distinguir o mais particular do meu processo literário.
> Nada me obriga, na verdade, a iniciar cada capítulo com termos análogos ao que se promete no título. Tal era, é certo, o uso dos antigos escritores, que nos legaram livros célebres e imortais. (id., ibid., p.47)

Depois de citar Camões, Virgílio, Homero e Flaubert, sai-se com essa: "Mas nem todos os exemplos se hão de aplaudir e imitar só porque sejam dos mestres" (id., ibid., p.48). A orientação semântica inscrita nesse fragmento do terceiro capítulo propaga os ecos dos fragmentos mencionados anteriormente, tanto do primeiro quanto do segundo capítulo, e se soma a tantas outras dos capítulos seguintes. A título de comprovação, tem-se no quarto capítulo:

> (...) Eu reclamo e exijo liberdade plena para escrever segundo o meu sistema e o meu modo. O leitor, por seu lado, quando não queira acompanhar-me em todas essas divagações por veredas laterais, não tem mais que me largar sozinho nelas e seguir direito e por alto o fio da narração. (id., ibid., p.58)

No quinto capítulo:

> Ah! Se não fosse muito tarde, eu voltava também ao bom caminho. – Havia de escrever esta crônica como todos os que escreveram crônicas no mundo (...)

116   SANDRA A. FERREIRA

Enquanto que desta maneira desusada e admirável preciso estar clamando a cada passo que isto não é romance! E porque havia de ser romance e não verdade? (id., ibid., p.70)

No sexto capítulo, aquele em que as peripécias de Madame Pommery são mais efetivamente narradas, não sem os costumeiros desvios do narrador, que não perde a chance de chamar atenção para eles, como ocorre a propósito de uma digressão satírica sobre a tipologia da alma amorosa, cuja finalidade é ridicularizar a disciplina draconiana vigente no *Paradis*, tem-se:

Essa classificação parece-me incompleta porque não menciona os sacrificados que são infinitos, nem os vencedores, que são imaginários. Eu sei disso. Mas os amorosos desertores, e os vencidos, são os únicos que me interessam neste instante; com os sacrificados e vencedores, nada tenho que ver. E eu só escrevo o que me convém, sem perder o fio do que estava dizendo, embora pareça que desvario. (id., ibid., p.121)

No sétimo capítulo:

O que foi a entrada de Justiniano Sacramento no Palácio de Mme. Pommery é cousa que só por si dava um capítulo. As proezas que ele fez depois da iniciação chegariam pelo menos para um livro (...). E bem pode ser que um dia o mesmo cronista volte, mais de espaço, a recolher algumas pontas de história, que transbordam destas páginas. Por isso, agora, não se irá além do principal; e depressa, que este caso já me vai saindo maior do que prometia. E tenho muito que fazer. (id., ibid., p.153)

Finalmente, no oitavo capítulo:

Neste ponto, a história tem que se recolher, forçosamente, até que corra o tempo sobre esses sucessos futuros de Mme. Pommery, que, em verdade, prometem ser grandes, curiosos e dignos de ser escritos.

Por esta razão, e porque não sou profeta, não tenho culpa se a narração fica suspensa. Pois eu até daria uma garrafa de champanha para poder continuar este capítulo. (...) (id., ibid., p.164)

Os trechos ora rastreados estão, de modo significativo, dentre os que confirmam a consciência irônica da escritura satírica de Hilátio Tácito. Três são os pontos capitais para os quais se volta sua sátira irônica: o diálogo com a tradição para questioná-la, o aparente apego ao método científico e a oposição entre "história verdadeira" e ficção. Esses pontos são visivelmente convergentes e congregam boa parte da ironia erudita e das digressões metanarrativas que movem o romance.

É consabida a existência de determinado cânone para a estrutura dos diversos gêneros literários. Para a literatura nova, declara Werner Krauss, é certo que nada se pode obter com a obediência plena a essas regras rígidas. A estrutura de uma obra deve, por essa razão, ser renovadamente descoberta, o que, segundo Krauss, "impõe naturalmente o abdicar de uma regra universalmente vinculativa" (1989, p.84). É contra essa regra que Hilário Tácito investe, impulsionado pela consciência irônica de que o artista tem o domínio sobre seus materiais, tanto que tal consciência é proclamada e continuamente reiterada, conforme demonstrado anteriormente. Daí não ser por acaso que se proclame senhor absoluto de seus meios, em tudo lembrando Montaigne (de cujos ensaios foi emérito tradutor), que não queria ter outra originalidade senão a de adotar a si mesmo como objeto de estudo e observação.

A proclamação insistente da adoção de um método científico inquieta. De que o narrador tenha um método, nenhum leitor duvida. De que ele seja científico, duvidam todos, até o próprio narrador, que, na verdade, faz uma investida satírica contra aquilo que no mundo moderno

118   SANDRA A. FERREIRA

tornou-se objeto da mais clara obsessão, pois a ciência ensina que sem ordem nem método não há conhecimento possível e que a primeira coisa a ser ordenada é a faculdade de conhecer (cf. Chauí, 1985, p.71). O vocábulo método veio do grego, com o sentido de caminho certo, correto, seguro. Se há, entretanto, algo que o narrador coloca continuamente em xeque é exatamente seu método, por ser inovador e refratário às regras convencionais e, destarte, nada seguro.

Essas investidas satíricas certamente derivam de uma preocupação com os destinos da ficção, com as coordenadas a que ela teve de se submeter, desde a época clássica até o século XX, para se legitimar perante as transformações verificadas na infra-estrutura da sociedade. Tácito dialoga ironicamente com um período, representado sobretudo pela produção colossal de Balzac, em que se pretendeu , conforme Luiz Costa Lima, "interpretar e apreciar, por meio da ficção, a história, como realidade cotidiana e como totalidade social" (1984, p.193). Nesse período, observa Lima, a divisão clássica entre *res fictae*, como reino da poesia, e *res factae*, como objeto da história, foi ultrapassada, de modo que a ficção poética alçou-se ao horizonte da realidade e vice-versa.

Erigidas as diferenças entre literatura e história, romance e história verdadeira, o narrador tentará minar satiricamente a diferença, alegando escrever história enquanto faz ficção. Ora, o lugar do historiador é definido como o da declaração da verdade, definição incapaz de impedir que a face de uma situação histórica seja configurada segundo uma estrutura de trama com um significado particular. E essa é, conforme Hayden White, uma operação essencialmente literária (cf. id., ibid., p.193).

Citou-se essa acepção literária da história com a finalidade de sublinhar a fácil transitividade que conduz a realidade à ficção e vice-versa, de modo a compor a fronteira movediça na qual Hilário Tácito satiricamente se posiciona, com a intenção de desmontar a concepção clássica de realidade sustentada pelo paradigma em que ciência e ficção são dadas como antípodas. Até hoje, informa Luiz Costa Lima, mantém-se a antiga dicotomia platônica, que "acredita que o poético embeleza o que desconhece, enquanto a ciência, depois de destronar a filosofia, tira a verdade do poço" (ibid., p.191).

A consciência irônica do narrador de *Madame Pommery* não o deixa sucumbir aos eflúvios dos métodos científicos porque, como Kant, sabe que a ciência significa abstração e a abstração representa, sempre, um empobrecimento da realidade. Sendo assim, não se constrange de, via digressão, mostrar que os aspectos das coisas são inumeráveis e variam sempre. Hilário Tácito, satirizando a pretensa dicotomia entre método científico e método literário, história e ficção, faz ver que seu veto à ficção e sua conseqüente opção pela história são irônicos, pois, se tais domínios humanos são de fato distintos, também se tocam, se misturam, se confundem numa fusão irônica e, sobretudo, lúdica, como faz ver Beth Brait:

> Aceitando-se que o discurso ficcional é um modo ilocutório de "fingir", é possível traduzir os índices e a insistente reiteração de distanciamento do ficcional, presentes em *Madame Pommery*, como um procedimento lúdico. Os discursos institucionalizados, quer de ordem ficcional ou não, emaranham-se e refratam-se, num dialogismo que aponta justamente para a quebra dos limites rígidos pretensamente existentes entre diferentes gêneros e diferentes tipos de discurso. (Brait, 1996, 166)

Universalmente crítico, Hilário Tácito coloca as modalidades ficcional e não-ficcional na berlinda para revelar satiricamente a descaracterização sofrida pelas mesmas. É importante lembrar que a *mimesis*, cujo produto é a ficção, não é, como demonstra Luiz Costa Lima, especificidade da linguagem confiada à literatura e às artes, porque existe uma ficção cotidiana como existe uma ficção literária, ambas definidas não por si próprias, mas pelo reconhecimento que lhes é dado ou não por períodos e culturas, de modo que os discursos da "verdade" e da ficção são dimensionados pelas molduras historicamente configuradas (cf. 1984, p.8).

Semelhante pressuposto sugere quão tênue é a divisória entre as referidas modalidades e revela que ambas possuem uma raiz comum ou, mais exatamente, que a base da historiografia é literária. Hilário Tácito, portanto, ironiza o culto da observação e do documento que, conforme Lima, marca nossa tradição desde o Romantismo e gerou uma ficção que procura esconder seu caráter de ficção:

> Até hoje, por falta de um melhor exame do problema, nossa cultura destila um verdadeiro veto à ficção. Daí a voga dos romances de costumes e, mais atualmente, do romance-reportagem. O escritor se prende à realidade para esconder o estigma da ficção. (ibid., p. 256)

De modo incisivo, Hilário Tácito revela o beco em que se meteu a História ao perder de vista suas raízes na imaginação literária, sugerindo que, ao se pretender científica e objetiva, privou a si mesma de sua maior fonte de renovação:

> Mas observem agora a superioridade do meu sistema. Os personagens são mais vivos, os fatos têm mais relevo, porque os não empilho em prateleiras cronológicas, com rótulo de datas, como se a história fosse um museu. (Tácito, 1992, p.71)

E, por outro lado, denuncia como fica mal das pernas a literatura quando pretende ser documento:

> Ah! Se não fosse muito tarde, eu voltava também ao bom caminho. – Havia de escrever essa crônica como todos os que

ENTRE A BIBLIOTECA E O BORDEL **121**

escreveram crônicas no mundo. Enfileirava os fatos por ordem de datas: começando no começo, acabando no fim. A obra resultaria correta, exata e seca. Dentro de duzentos anos, embora virgem de leitura, estava entretanto fora de dúvida que era crônica, e crônica verídica. Passava a documento nos arquivos carunchosos: glória dos livros honestos e ponderados... (id., ibid., p.70)

A esta altura das considerações teórico-analíticas acerca de aspectos ligados à sátira, faz-se patente uma conclusão: há uma multiplicidade de variáveis a ser consideradas no estudo da sátira e estudá-la interessou sobretudo como um meio de estabelecer algum respaldo teórico para uma leitura desveladora da tessitura satírica da obra de Hilário Tácito, *Madame Pommery*.

EPÍLOGO

*Atrevo-me a insinuar esta solução do
antigo problema: A biblioteca é ilimitada e
periódica. Se um eterno viajante a atraves-
sasse em qualquer direção, comprovaria ao
fim dos séculos que os mesmos volumes se
repetem na mesma desordem (que, reiterada,
seria uma ordem: a Ordem). Minha solidão
alegra-se com essa elegante esperança.*

J. L. Borges. *A biblioteca de Babel*

Partindo de considerações sobre a tradição satírica para
delinear o âmbito em que se inscreve a obra de Hilário Tácito, este estudo apresentou, no primeiro capítulo, uma retomada dos aspectos decisivos para a reconstituição do momento histórico em que se insere a obra analisada, bem
como para a caracterização dos traços autenticadores de sua
pré-modernidade e de sua vocação para metamorfosear a
arte narrativa. Passou, no segundo capítulo, à descrição e à
análise do perfil das personagens e do narrador, de modo a
ressaltar os torneios satírico-irônicos que orientam a configuração dos mesmos. Por fim, no terceiro capítulo, efetuou

124   SANDRA A. FERREIRA

a descrição e a análise dos recursos satíricos particularmente expressivos presentes na obra estudada. Findo esse percurso de reflexão, é chegado o momento de se alinhavarem algumas conclusões a respeito de *Madame Pommery*.

Por construir um painel social e histórico da São Paulo de inícios do século passado, *Madame Pommery* pode ser lida como uma crônica do progresso dessa cidade, como sugere o próprio narrador. Tendo como cenário um decadente bordel, ironicamente chamado *Au Paradis Retrouvé*, o obra cria um eixo metonímico (passar-se da cervejada ao champanha, do café-concerto ao cinematógrafo, instantaneamente) sugeridor do ritmo velocíssimo das transformações em andamento no cotidiano urbano. A atmosfera bordélica, feita de champanha, luxúria, luz mortiça e trapaça, reflete a metamorfose da cidade provinciana em metrópole cosmopolita, movida pelo valor de troca.

Se, por um lado, *Madame Pommery* constitui uma obra atenta ao dado local, efetuando uma espécie de crônica da cidade de São Paulo, por outro inova tematicamente ao eleger a prostituição como via de inserção social e mostra-se aberta à inovação formal, ao apresentar um embate entre a forma tradicional de narrar e a opção narrativa desviante feita pelo narrador, configurando-se assim os parâmetros que conferem à obra de Hilário Tácito o estatuto, cronológico e formal, de anunciadora da literatura modernista.

As personagens são planas, subdividindo-se em tipos e caricaturas. Graças à ágil configuração dos perfis dessas personagens, o narrador representa situações que envolvem uma pluralidade de comportamentos sugeridores da incongruência, da multiplicidade de variáveis inerentes aos fenômenos humanos.

O narrador, valendo-se de um requintado trabalho com a linguagem, constrói um mundo ficcional que espelha e aponta para uma realidade exterior ao texto, que, entretanto, se impõe mais pela textualidade que pelo reflexo de comportamentos historicamente localizados. Em vis-

ENTRE A BIBLIOTECA E O BORDEL   125

ta disso, as personagens e suas situações são produtos discursivos de um narrador empenhado em fazer da linguagem seu instrumento de implacável caracterização. A noção de realidade sugerida pelo romance é, portanto, uma construção literária.

A consideração da tradição satírica como forma de contestar e transgredir as normas vigentes mostra que Hilário Tácito pertence à família dos mais ilustres ironistas, porque sua invectiva reveste-se da máxima elegância e sobriedade estilística, sobretudo quando à narrativa dos sucessos da cafetina Pommery se intercala um discurso dissertativo-ensaístico de leitura bastante exigente.

Partindo-se da compreensão de que a sátira em *Madame Pommery* resulta da conjunção de vários recursos (mundo às avessas, paródia, inversão, dialogismo, carnavalização), amalgamados por finíssima ironia, constata-se a vocação camaleônica do talento narrativo de Hilário Tácito, capaz de abrigar o novo, confundir classificações e misturar habilmente influências.

Por essa razão, há na tessitura de *Madame Pommery* um completo desapego à cronologia, à narrativa linear. Tal desapego parece resultar da profunda consciência do labor literário manifesta por um narrador que se autoproclama, com justiça, um acurado leitor de antigos e modernos - "Que haverá por aí que eu já não tenha lido?" (Tácito, 1992, p.32) - nos quais busca afinidades ou diferenças de estilo e assunto.

Se por um lado o narrador demonstra considerável erudição e conhecimento da tradição estética, por outro demonstra completa insatisfação em repetir a sistemática tradicional, colocando-a em discussão, por meio da ironia e da digressão, promovendo, assim, uma clara recusa à unidade dos gêneros consagrados pela tradição erudita. Essa recusa, portanto, justifica a eleição do desvio como método.

O romance de Hilário Tácito, por meio de uma aparente "intemperança de citações", dialoga ironicamente com a tradição. Sua escrita, por excelência dialógica, cria um espaço intertextual de diálogo entre vários discursos, diante dos quais o narrador defende sua liberdade criadora a fim de, explorando a ambivalência, usar a própria norma para transgredi-la, temática e formalmente.

Assim, se a intenção dos autores satíricos é sobretudo denunciar, pelo ridículo, as incongruências e anomalias do meio social e do comportamento dos homens, é preciso ressalvar que a sátira de Hilário Tácito não é somente uma arma de ataque, porque vai mais longe, convertendo-se em manifesto das idéias e da posição intelectual de seu autor, cujos dentes satíricos foram limados por uma requintada ironia, vinculada tanto ao universo desarticulado da sociedade paulistana quanto ao horizonte da arte narrativa.

Além disso, no mundo da sátira em geral, as imagens ilusórias costumam ser convenientemente reduzidas no final, ao contrário do que ocorre em *Madame Pommery*, em que a ilusão das ilusões parece estar além de qualquer liquidação, como pretende o mundo da ironia. É, portanto, a orientação consubstancial operada pela ironia na obra de Hilário Tácito que possibilita sua intensa mobilidade satírica, porque, obra duplamente irônica, chama atenção para a extravagante maneira de ser tanto de Madame quanto do texto em que se narram seus "feitos e gestos".

O texto de *Madame Pommery* traz entranhadas em sua configuração formal as contradições entre a fórmula antiga e a que depois se efetivaria, evidenciando, assim, suas fronteiras expressivas e as fragilidades de seu tempo, cristalizadas no seu manifesto impulso para continuar a tradição, ainda que apontando-lhe obsessivamente os limites.

Por fim, impõe-se uma última e reiterativa consideração. *Madame Pommery*, graças às suas singularidades formais e temáticas, inscreve-se com destaque na prosa literária brasileira. Trata-se, sem dúvida, de um marco da fase pré-modernista, que, se não pretende a excelência, também não pode ser posta de lado como obra de pouco quilate.

REFERÊNCIAS BIBLIOGRÁFICAS

Específica

BARRETO, Lima. *Madame Pommery*. In: *Impressões de leitura*: crítica. São Paulo: Brasiliense, 1956.

_____. Correspondência ativa e passiva de Lima Barreto. In: *Obras completas de Lima Barreto*. São Paulo: Brasiliense, v.17, t.2.

BRAIT, Beth. A hilariante história de Madame Pommery na terra do café. In: *Associação Brasileira de Literatura Comparada*, 2, 1991, Belo Horizonte. Anais... Belo Horizonte, 1991. v.3.

_____. *Ironia em perspectiva polifônica*. Campinas: Editora da Unicamp, 1996.

_____. Rabelais e Brantôme no Brasil. In: Perrone-Moisés, Leila (org.). *Revista de Estudos Avançados*. São Paulo: Universidade de São Paulo/Instituto de Estudos Avançados, p.53-61, 1991.

CARDOSO, Zélia. *O romance paulista no século XX*. São Paulo: Academia Paulista de Letras, 1983.

CHAMIE, Mário. *Madame Pommery*. In: *Intertexto*: a escrita rapsódica – ensaio de leitura produtora. São Paulo: Praxis, 1970.

DIMAS, Antônio. Um Companheiro de Monteiro Lobato: Hilário Tácito. In: ZILBERMAN, Regina (org.). *Atualidade de Monteiro Lobato*: uma revisão crítica. Porto Alegre: Mercado Aberto, 1983.

DONATO, Mário. O meu Lobato. In: DANTAS, Paulo (org.). *Vozes do tempo de Lobato*. São Paulo: Traço, 1982.

128   SANDRA A. FERREIRA

GUIMARÃES, Júlio Castanon. "Introdução". In: TÁCITO, Hilário. *Madame Pommery*. 4.ed., Campinas: Editora da Unicamp; Rio de Janeiro: Fundação Casa de Rui Barbosa, 1992.

HARDMAN, Francisco Foot. São Paulo de Pommery. In: TÁCITO, Hilário. *Madame Pommery*. 4.ed. São Paulo/Rio, Editora da Unicamp/Fundação Casa de Rui Barbosa, 1992.

LEITE, Sylvia Helena Telarolli de Almeida. *Chapéus de palha, panamás, plumas, cartolas: a caricatura na literatura paulista* (1900-1920). São Paulo: Editora da Unesp, 1996.

LIMA, Alceu Amoroso. *Primeiros estudos*: contribuição à história do modernismo literário. O pré-modernismo de 1919 a 1920. Rio de Janeiro: Agir, 1948, v.1.

LOBATO, Monteiro. *Madame Pommery*. In: *Críticas e outras notas*. 3.ed., São Paulo: Brasiliense, 1969 (Obras Completas, v.18).

MALTA, José Maria de Toledo (trad.). *Seleta dos ensaios de Montaigne*. Rio de Janeiro: José Olympio, 1961 (3 t.).

MARTINS, Wilson. *História da inteligência brasileira*. São Paulo: Cultrix, 1978, v.6.

MELO, Luís Correa de. *Dicionário de autores paulistas*. São Paulo: Comissão do IV Centenário, 1954.

MORSE, Richard. *Formação histórica de São Paulo*: de comunidade a metrópole. São Paulo: Difel, 1970.

TÁCITO, Hilário. *Madame Pommery*. 4.ed. Campinas/Rio: Editora da Unicamp/Fundação Casa de Rui Barbosa, 1992.

VAZ, Leo. Acerca desta tradução. In: MALTA, José Maria de Toledo (Trad.). *Seleta dos ensaios de Montaigne*. Rio de Janeiro: José Olympio, 1961.

Geral

ARRIGUCCI Jr., Davi. Braga de novo por aqui. In:＿＿＿＿＿ (sel.). *Os melhores contos*: Rubem Braga. 7.ed., São Paulo: Global, 1995.

＿＿＿＿＿. Fragmentos sobre a crônica. In: ＿＿＿＿＿. *Enigma e comentário*: ensaios sobre literatura e experiência. São Paulo: Companhia das Letras, 1987.

ADLER, Laure. *Os bordéis franceses*. Trad. Kátia Orberg. São Paulo: Companhia das Letras, 1991.

ENTRE A BIBLIOTECA E O BORDEL   129

AGUIAR E SILVA, Vítor Manuel de. *Teoria da literatura*. 8.ed. Coimbra: Almedina, 1991.

ANDERSON, William S. The concept of the persona in satire: a symposium. In: *Satire Newsletter*. New York, v.3, p.89-153, 1966.

ARISTÓTELES. *Arte retórica. Arte poética*. Trad. Antônio Pinto de Carvalho. São Paulo: Difusão Européia do Livro, 1964.

BAKHTIN, Mikhail. *A cultura popular na Idade Média e no Renascimento*: o contexto de François Rabelais. Trad. Yara Frateschi Vieira. São Paulo: HUCITEC, 1987.

————. *Problemas da Poética de Dostoiévski*. Trad. Paula Bezerra. Rio de Janeiro: Forense - Universitária, 1981.

BARROS, Diana Luz Pessoa. *Teoria do discurso*: fundamentos semióticos. São Paulo: Atual, 1988.

BARTHES, Roland. *O grau zero da escritura*. São Paulo: Difel, 1982.

BAUDELAIRE, Charles. *Escritos sobre a arte*. Trad. Plínio Augusto Coelho. São Paulo: Imaginário/Editora da Universidade de São Paulo, 1991.

BENJAMIN, Walter. *Charles Baudelaire:* um lírico no auge do capitalismo. Trad. José Carlos M. Barbosa e Hemerson Alves Baptista. 2.ed. São Paulo: Brasiliense, 1991.

BENTLEY, Joseph. Semantic gravitation: an essay on satiric reduction. In: *Modern Language*. Seatle: Quaterly, 30, 3-19, 1969.

BERGSON, Henri. *O riso*. Trad. Nathanael C. Caixeiro. 2.ed., Rio de Janeiro: Zahar, 1983.

BÍBLIA SAGRADA. Trad. Pe. Antônio Pereira de Figueiredo. Rio de Janeiro: Vozes, 1978.

BICKEL, Ernst. *Historia de la literatura romana*. Trad. José Maria Diaz – Reganon López. Madrid: Gredos, 1982.

BOLOGNE, Jean-Claude. *História do pudor*. Trad. Telma Costa. Rio de Janeiro/Lisboa: Elfos/Teorema, 1990.

BOSI, Alfredo. *A literatura brasileira*. O pré-modernismo. 4.ed., São Paulo: Cultrix, 1973.

————. *História concisa da literatura brasileira*. 2.ed., São Paulo: Cultrix, 1979.

BRAYNER, Sônia. *Labirinto do espaço romanesco*: tradição e renovação da literatura brasileira (1880-1920). Rio de Janeiro: Civilização Brasileira, Instituto Nacional do Livro, 1979.

BUBER, Martin. *Do diálogo e do dialógico*. São Paulo: Perspectiva, 1982.

130   SANDRA A. FERREIRA

BURKE, Kenneth. *Teoria da forma literária*. Trad. José Paulo Paes. São Paulo: Cultrix, 1979.

CANDIDO, Antonio. *Literatura e sociedade*. 5.ed., São Paulo: Nacional, 1976.

CARDOSO, Fernando Henrique e outros. *O Brasil republicano*: estudos de poder e economia (1889-1930). 5.ed., Rio de Janeiro: Bertrand, 1989 (História Geral da Civilização, v.3).

CARONE, Edgar. *A República Velha*: instituições e classes sociais. 3. ed., São Paulo: DIFEL, 1975.

_____. Coronelismo: definição histórica e bibliográfica. In: *Revista de Administração de Empresas*. São Paulo, n.11, p.85-92, 1971.

CARPEAUX, Otto Maria. *História da literatura ocidental*. Rio de Janeiro: O Cruzeiro, 1966.

CHAUÍ, Marilena. Filosofia moderna. In:_____ et al. *Primeira filosofia*: lições introdutórias. 2.ed., São Paulo: Brasiliense, 1985.

DA MATTA, Roberto. *Carnavais, malandros e heróis*: para uma sociologia do dilema brasileiro. 5.ed., Rio de Janeiro: Guanabara, 1990.

DANZIGER, Marlies K., JOHNSON, W. Itacy. *Introdução ao estudo crítico da literatura*. Trad. Álvaro Cabral. São Paulo: Cultrix, 1974.

DE MARCO, Valéria. *O império da cortesã*: Lucíola, um perfil de Alencar. São Paulo: Martins Fontes, 1986.

DEL FIORENTINO, Teresinha A. *Prosa de ficção em São Paulo*: produção e consumo (1900-1922). São Paulo: Hucitec, 1982.

DIAS, Ângela. *O resgate da dissonância*: sátira e projeto literário brasileiro. Rio de Janeiro: Antares, 1981.

ENGEL, Magali. *Meretrizes e doutores*: saber médico e prostituição no Rio de Janeiro (1840-1890). São Paulo: Brasiliense, 1989.

FANTINATI, Carlos Erivany. Vida e morte de M. J. Gonzaga de Sá. In: *Cadernos de Pesquisa*. Assis: Faculdade de Ciências e Letras. 2, 31-41, 1990.

FERNÁNDEZ, Macedonio. Por una teoría de la humorística. In: *Teorías*. Buenos Aires: Corregidor, 1974.

FORSTER, E. M. *Aspectos do romance*. Porto Alegre: Globo, 1969.

FRYE, Northrop. *Anatomia da crítica*. Trad. Péricles Eugênio da Silva Ramos. São Paulo: Cultrix, 1973.

ENTRE A BIBLIOTECA E O BORDEL   **131**

GIDDENS, Anthony. *A transformação da intimidade*. Trad. Magda Lopes. São Paulo: Editora da Unesp, 1993.

HANSEN, João Adolfo. *A sátira e o engenho*: Gregório de Matos e a Bahia do século XVII. São Paulo: Companhia das Letras, 1989.

_____. Sátira barroca e anatomia política. In: *Associação Brasileira de Literatura Comparada*, 2, 1991, Belo Horizonte. Anais... Belo Horizonte, 1991. v.1, p.381-91.

HAYMAN, David. Mas alla de Bajtin: hacia una mecanica de la farsa. In: *Revista Espiral*: humor, ironia, parodia. Madrid. v.51, p.71-117, 1980.

HUTCHEON, Linda. Ironie, satire, parodie: une approche pragmatique de l'ironie. In: *Poétique*. Paris, v.46, p.140-155, 1981.

_____. *Uma teoria da paródia*: ensinamentos das formas de arte do século XX. Trad. Teresa Louro Pérez. Portugal: Edições 70, 1989.

KRAUSS, Werner. *Problemas fundamentais da teoria literária*. Trad. Manuela Ribeiro Sanches. Lisboa: Caminho, 1989.

LÉFÈBVE, Maurice-Jean. *Estrutura do discurso da poesia e da narrativa*. Trad. José C. Seabra Pereira. Coimbra: Almedina, 1980.

LIMA, L C. *Estruturalismo e teoria da literatura*: introdução às problemáticas estética e sistêmica. Petrópolis: Vozes, 1973.

_____. *O controle do imaginário*: razão e imaginação no ocidente. São Paulo: Brasiliense, 1984.

_____. *Limites da voz*. Rio: Rocco, 1993.

_____. Persona e sujeito ficcional. In: *Associação Brasileira de Literatura Comparada*, 2, 1991, Belo Horizonte. Anais... Belo Horizonte, 1991. v.1, p.381-91.

LUSTOSA, Isabel. *Brasil pelo método confuso*: humor e boemia em Mendes Fradique. Rio de Janeiro: Bertrand Brasil, 1993.

MAINGUENEAU, D. *Novas tendências em análise do discurso*. Trad. Freda Indursky. Campinas: Portes, 1989.

MARTHA, Áurea Penteado. *A tessitura satírica em Numa e a ninfa*. Assis, 1987. Dissertação (Mestrado em Literatura Brasileira). Faculdade de Ciências e Letras de Assis, Universidade Estadual Paulista.

MUECKE, D.C. *Irony*. London: Methuen, 1976.

MURPHY, Emmett. *História dos grandes bordéis do mundo*. Trad. Heloísa Jahn. Porto Alegre: Artes e ofícios, 1994.

132 SANDRA A. FERREIRA

NASCENTES, Antenor. *Dicionário etimológico da língua portuguesa*. Rio de Janeiro: A Encadernadora, 1932.

PAES, José Paulo. Introdução. In:_____ et al. *Os romancistas*. São Paulo: Cultrix, 1961.

_____. O *art nouveau* na literatura brasileira. In: _____. *Gregos e baianos*. São Paulo: Brasiliense, 1985.

PETRONE, Pasquale et al. *A evolução urbana de São Paulo*. São Paulo: s.n., 1955.

POLLARD, Arthur. *Satire*. London: Methuen, 1978.

PROPP, Vladímir. *Comicidade e riso*. Trad. Aurora Fornoni Bernardini e Homero Freitas de Andrade. São Paulo: Ática, 1992.

RAGO, Margareth. *Do cabaré ao lar*: a utopia da cidade disciplinar (Brasil 1890 - 1930). 2.ed., Rio de Janeiro: Paz e Terra, 1985.

_____. *Os prazeres da noite*: prostituição e códigos da sexualidade feminina em São Paulo (1890-1930). Rio de Janeiro: Paz e Terra, 1991.

ROSENFELD, Anatol. Reflexões sobre o romance moderno. In: *Texto / Contexto*. 3. ed. São Paulo: Perspectiva, 1976.

ROSSIAUD, Jacques. *A prostituição na Idade Média*. Trad. Cláudia Scilling. Rio de Janeiro: Paz e Terra, 1991.

SARAIVA, António José (sel.). *As crônicas de Fernão Lopes*. 2.ed. Lisboa: Portugália, 1969.

SCHOPENHAUER, Arthur. On the theory of the ludicrous. In: _____. *The world as will and representation*. Trad. E. F. S. Payne. New York: Dover, 1969 (v.2).

SEVCENKO, Nicolau. *Orfeu extático na metrópole*: São Paulo, sociedade e cultura nos frementes anos 20. São Paulo: Companhia das Letras, 1992.

SILVA, Jacintho (org.) *Cidade de São Paulo*: Guia illustrado do viajante. São Paulo: Monteiro Lobato, 1924.

SIMÕES, João Gaspar. *Natureza e função da literatura*. Lisboa: Sá da Costa, 1948.

SÜSSEKIND, Flora. *Cinematógrafo das letras*: literatura, técnica e modernização no Brasil. São Paulo: Companhia das Letras, 1987.

TIBBETTS, A. M. Norms, moral or other, in satire: a symposium. In: *Satire Newsletter*. New York, v. 2, p.2-26, 1964.

SOBRE O LIVRO

Formato: 12 x 21 cm
Mancha: 18,8 x 40,4 paicas
Tipologia: Horley Old Style 10,5/14
Papel: Offset 75 g/m^2 (miolo)
Cartão Supremo 250 g/m^2 (capa)
1ª edição: 2006

EQUIPE DE REALIZAÇÃO

Coordenação Geral
Marcos Keith Takahashi

Impressão e Acabamento